철없는 부탁

철없는 부탁

— 위기관리와 정의실천의 답이 있는 지혜서 —

고재덕 수필집

■ 책머리에

알렉산더 대왕은 유럽과 아세아를 정복한 후 그리스 문화와 오리엔트 문화를 접목하여 독특한 헬레니즘 문화를 형성하여 오늘날까지도 찬란하게 명맥을 유지하고 있으나 칭기즈 칸은 유럽과 아세아를 정복하고도 독특한 문화가 없기 때문에 지구상에서 몽고의 문화는 사라졌습니다.

우리민족은 노래와 무용과 문학을 즐기는 풍류적 경향의 정서를 지닌 민족으로, 선량한 문화인으로, 숱한 외침에서도 찬란한 문화를 면면히 이어 왔습니다. 한국 전쟁 당시 죽음과 가난과 이산가족의 참화 속에서도 고래 심줄처럼 버틸 수 있는 힘은 '전우야 잘자라', '굳세어라 금순아', '삼팔선의 봄', '비목', '전선야곡' 등 훌륭한 시가 노래로 작곡되어 실의에 빠진 국민들에게 용기와 희망을 줬기 때문입니다.

이러한 시는 수필을 통해서 탄생했으므로 수필의 역할이 지대합니다. 이처럼 문학은 국민들에게 용기도 줬지만 또한 사회를 정의롭게 정화시키는 임무도 맡아왔습니다. 우리나라가 최근 선진국으로 진입함에 따라 자연히 범죄도 급증하므로 정부가 법질서 유지에 노력하지만 문인들도 정의로운 글로 혼탁한 사회를 정화시키는데 일조해야겠으니 이는 문인으로서 사회적 책임이며 그 책임감을 무겁게 느끼고 있어야 합니다.

한자는 시제도 없지만 중국은 노벨문학상 수상자를 1명이나 배출했고, 히라가다글은 한자를 모방한 벌레같은 글인데도 일본은 노벨문학상 수상자가 3명이나 배출되었습니다. 한글은 세계 문자 올림픽에서 금메달을 연속 2회 수상했는데도 노벨문학상 수상자가 한 명도 없음은 부끄럽고 가슴 아픈 일입니다. 경주용 자전거는 최고급인데 경륜 경기대회에서 우승하지 못한 것과 같은 모순입니다.

한글은 실로 11,000개의 소리를 표현할 수 있는 세계 유일의 소리문자로 2022년 세계 문자 올림픽대회에서 세계 27문자 중 연속 2회나 금메달을 수상한 바 있습니다. 우리 문인들은 세종대왕으로부터 우수한 한글을 유산으로 물려받았는데도 노벨문학상을 수상 못함은 대왕께 미안하고 부끄러운 일이므로 늦었지만 지혜를 모아 뛰어난 문학작품을 창작하여 노벨문학상을 많이 수상해야겠습니다.

김구 선생님은 그의 「백범일지」에서 '오직 갖고 싶은 것은 높은 문화의 힘이다. 문화를 향유함으로써 사람이 사람다워진다고 생각한다.'라고 언급했습니다. 우리 문학인은 문학 작품을 통해서 아름답고 정직한 문화 사회를 만들어 후손에게 값지게 넘겨줘야겠습니다.

작가는 본 수필이 비록 미미하지만 문학적인 면을 근거로 기술했을 뿐 아니라 내용면에서는 작가의 삶을 통해 얻은 위기관리와 정의면을 치중했으므로 깜짝 놀랄만한 답을 얻을 수 있는 지혜서로 독자들에게 많은 도움이 될 것이라 사료됩니다.

이 책을 읽은 독자들에게 복이 있길 바랍니다.

끝으로 이현복 교수님, 한상렬 교수님, 방향을 제시해준 권대근 교수님, 손해일 박사님께 감사드립니다. 내조해준 아내 박용래 소피아와 힘을 준 동생 고재란, 고재형, 고재학, 장녀 고봉선과 사위 박신웅, 장남 고윤석과 며느리 성민정, 차녀 고희승과 사위 신중환에게도 모두 늘 고맙게 생각합니다.

2023년 동짓달에

종로구 인왕산 밑에서 銘泉 고재덕 올림

■ 추천사

"수필로 버무린 진솔한 인간실록"

손 해 일
(시인, 문학박사, 국제펜한국본부 35대 이사장)

고재덕 선생의 첫 수필집 출간을 진심으로 축하드립니다. 대개의 문인들이 그러하듯 첫 작품집은 기쁨과 설레임이 배가 되고, 내용상 작품선정은 물론, 퇴고, 표지장정 등 외관에도 최선을 다하기 마련입니다. 작품집을 낸다는 것은 흩어져 있는 개별 작품에 생명을 불어 넣어 언어의 집을 지어 주는 일입니다. 기록되지 않는 역사는 잊혀지기 쉽고, 단순한 설화에 그칠 우려가 큽니다. 구슬이 서 말이라도 꿰어야 보배이며, 서양속담처럼 "No publishing is Perishing"입니다.

고재덕 선생은 같은 동향인이자 같은 문인이라는 점에서 친연성을 느낍니다. 특히 고재덕 선생의 적극적이면서도 소탈한 성품이 친교에서의 서먹서먹함을 금방 해소시켜 주는 장점이 있습니다. '각자무치角者無齒'라는 사자성어가 있습니다. "뿔이 있는 자는 이빨이 없다."는 뜻처럼 한 사람에게 재능이나 장점을 다 몰아주지 않고 인간사가 비교적 공평하다는 뜻이겠지요. 고재덕 선생에게만큼은 이것이 예외인 듯합니다. 그이 이력을 보면 경찰 공무원이던 부친을 일찍 여읜 국가유공자 가족이지만, 어려움 속에서도 조선대학교 공과대학을 수석 졸업하고 육군 군수기지사령부에서 육군중위(통역장교)로 복무하였으며, 제대 후 종합 무역 상사 (주)율산실업의 임원을 역임했다고 합니다.

고재덕 선생은 2015년에 수필가로 등단하고, 2019년에 시인으로 등단했으니 문인으로서는 비교적 일천한 경력입니다. 그럼에도 필자에게 추천사를 부탁하며 보내온 44편의 수필 작품은 모두 수작으로서 찡한 감동을 주기까지 합니다. 필자는 처음 한두 편 읽기를 시작하다가 단숨에 끝까지 다 읽고 말았습니다. 그만큼 수필의 내용이나 스토리를 박진감 있게 이끌어가는 문장력이 독자에게 어필하는 매력이 있기 때문입니다.

수필은 일인칭인 장르로 그 자체가 작가의 전 인격을 비추는 거울입니다. 하찮은 일상사를 미사여구로 꾸민다거나 거짓으로는 쓸 수 없는 정직한 장르가 수필입니다. 고재덕 선생의 이번 수필들은 자신의 살아온 내력과 성격이나 인품을 솔직담백하게 잘 드러내고 있습니다. 각각의 에피소드가 구체적이며 재미와 반전이 있어 필자는 이를 '고재덕 선생의 진솔한 인간실록'이라고 규정합니다.

이번 첫 수필집을 계기로 고재덕 선생의 문학 세계가 더욱 진전 있기를 고대합니다.

■ 차례

1. 고등학교나 나왔소 ● 13
2. 탕자를 새사람으로 ● 19
3. 작살비 ● 26
4. 폼페이의 몰락 ● 32
5. 아내만 보면 떨려 ● 37
6. 왜 때립니까 ● 41
7. 철없는 부탁 ● 45
8. 빗나간 기도 ● 49
9. 강아지가 무슨 죄냐 ● 53
10. 하느님 덕분 ● 59
11. 오일장의 추억 ● 65
12. 선상의 제비 모정 ● 69
13. 흉탄 맞은 아버지 ● 74
14. 종잇장 같은 술잔 ● 78
15. 손등에 뜨거운 눈물 ● 83
16. 뱀을 머리에 이다 ● 87
17. 흉몽 ● 93

18. 안아보지 못한 불효 ● 99
19. 임종臨終을 못 지킨 불효 ● 104
20. 놓아자 가정도우미 ● 110
21. 천장을 뜯어봐 ● 116
22. 군홧발로 안방을 ● 120
23. 보리사리 ● 125
24. 물동이에 돌멩이를 ● 128
25. 잃어버린 동생 ● 132
26. 치매부모 실종 막는 사전 등록제 ● 137
27. 붕어와 신발을 가져다주신 선생님 ● 141
28. 지하철 경로석에 누운 승객 꼴불견 ● 146
29. 김일성은 왜 1950년 6월 25일에 남침했는가? ● 148
30. 당혹스런 자선냄비 ● 152
31. 리빙스턴교 슬픈 교훈 ● 156
32. 마의 벽을 넘다 ● 162
33. 손가락 통을 향해 경례 ● 168
34. 생명은 그 자체로 존중받아야 한다 ● 174

35. 착각 ● 177
36. 조선왕실의궤朝鮮王室儀軌 ● 181
37. 03:51:35의 쾌거 ● 188
38. 압록강 마라톤 참가기 ● 193
39. 딸 따라 프랑스 여행 ● 201
40. 사촌이 논 사면 배가 아픈가 ● 208
41. 밥도 못 먹게 자꾸 물어요 ● 212
42. 육체미는 예술의 극치 ● 217
43. 보일러 값을 몸으로 ● 222
44. 전단이 무슨 비밀이냐? ● 227

1. 고등학교나 나왔소

 남자의 인생 항해는 괴로운 여정이다. 유년 시절, 학창 시절, 군복무 시절, 예비군 시절, 민방위 시절, 지공선사(지하철 공짜) 시절, 공공근로 시절, 요양원 시절 등 여덟 단계이다. 머리에 하얀 박꽃이 피니 돈줄은 끊기고, 지출은 많아진다. 고참이라고 각 단체에서 회장직, 고문직에 앉혀 놓으니 지갑 열기에 바쁘다. 주로 경조비, 상조비, 손주 용돈 등으로 많이 지출된다.

 요즘 시아버지들은 며느리의 눈치를 보며 산다. 손자가 귀여워 초콜릿이나 아이스크림을 사주면 이가 상한다고 며

느리가 펄펄 뛰니 군것질감 사주는 것도 겁난다. 손자를 무릎에 앉혀놓고 춘향전 이야기를 해주면 손자가 먼저 "할아버지, 이몽룡이 암행어사 되었지요?" 심청전을 이야기해주면 "할아버지, 심청이가 쌀 삼백 석에 팔려 갔지요?" 손주가 할아버지보다 더 많이 알고 있으니 손주들에게 가르쳐 줄 밑천이 없고, 할아버지가 오히려 손자한테 배우게 된다. 할아버지 체면은 닭 쫓는 개 신세다. 흐르는 세월에 고개 숙여지는 것도 억울한데 손주들에 보여줄 카드가 없으니 거리감이 생겨 외롭고 가슴이 저민다.

어느 중소기업 회장 아내의 수첩에 가족 서열이 있었다. 첫째 고삼 딸, 둘째 취업 준비 장남, 셋째가 푸들 개, 넷째가 남편이란다. 나이가 드니 아내의 바가지는 더욱 심하고, 자식들도 무관심이니 남편이 설 곳은 없다. 남편 먼저, 아버지 먼저였던 시대가 그립다. 요즘 남편이 괴로운 마음을 달래는 곳은 오로지 산뿐이다. 산은 거부도 없고, 시비도 없고, 오직 포용만 있으니 남편은 산이 만만하므로 어제도 산에 오르고 오늘도 산에 오른다.

손주들에게 군것질 감도 안 통하고, 이야기도 안 통하니 손주들에게 용돈 주는 것이 환심 사는데 안성맞춤이다. 하지만 은근 슬쩍 호주머니를 만지작거리면 침이 꼴깍 삼켜진다. 손주들 용돈을 위해서 일월 초에 노인종합복지관에서 공공근로 일을 신청했더니 다행히 종로의 모 초등학교로 배당되었다.

 아침 아홉 시에 출근, 열두 시에 퇴근, 월 십오 일 근무에 조금 수령하니 이 일마저 백수들에게는 하늘에 별 따기다. 초등학교 봉사자는 여자 일곱 명에, 남자 세 명으로 합 열 명이다. 학교 정문에서 학교 보안관에게 신고한 후 식당으로 곧장 갔다. 대기실에서 비닐가운으로 갈아입고 고무장갑을 끼고 조장의 지시에 따라 먼저 청소를 한다. 코로나 방음벽과 식탁 바닥을 알콜 행주로 닦은 후 열한 시 반에 배식한다. 어린이들이 식판을 들고 오면 밥 한 주걱에, 반찬 세 개와 국물을 나눠준다. 식사가 완료되면 어린이로부터 퇴식판을 받은 후 식탁과 바닥을 알콜 행주로 닦는다.

 옛날 우리 시절과 달리 요즘 어린이들은 모르는 사람한테도 공손히 인사하고, 이동 시에는 천천히 가지 않고, 뛰어다녔다. 식사 중에는 옛날처럼 수다를 떨지 않고 조용히 밥을 먹으니 교육을 잘 받은 것 같다. 봉사라지만 오히려 초등학생한테 배운 점도 많았다. 봉사를 마치고 비닐가운과 고무장갑을 벗어서 가지런히 정리하고 조장에게 인사하고 퇴근한다. 조장이 청소구역을 배당하므로 그녀의 권리는 막강했다. 공공근로는 과거의 경력이나 자존심은 내려놓아야 하지만 때로는 본의 아니게 모욕을 당하는 경우가 있다.

어느 날, 조장이 한 마디 했다. "얼굴은 반반한데 여기서 일하는 것 보니 고등학교도 못 나온 것 같습니다."
"예, 중학교도 못 나왔습니더."

이주 후에 관악구 매장으로 파견 근무를 하게 되었다. 도토리묵을 판매하라는 봉사였다. 묵을 두부모처럼 잘라서 개당 천 원에 파는 장사였다. 어느 날 조장이 숙제를 주었다. "묵을 제조할 때 실수로 볼트 한 개가 묵 속에 섞여 들어갔으니 이를 먹으면 큰일 납니다. 묵을 망가뜨리지 말고, 볼트를 찾아내세요."
묵을 파손하지 않고 볼트를 찾는 방법은 어려운 숙제였다. 고민 끝에 답을 알아냈다. '대바늘로 찍어볼까?' 먹는 음식이므로 바늘은 안 되겠다. 바늘은 포기하고 저울로 달아보기로 결정했다. 저울로 묵을 일일이 달았더니 묵 한 개가 십 그램이 더 무거웠으므로 볼트를 찾았지만, 생각해보니 정상적인 근무가 아니고 시험을 당한 것 같았다.

조선시대에 명나라는 조선을 신하국으로 대하며 무시했다. 해괴망칙한 숙제를 주곤 했는데 이는 국격이 먹칠당한 채 숙제 풀기에 땀을 뻘뻘 흘려야 했으니 이는 약소국의 비애였다.

어느 날, 뱀 두 마리를 넣은 뒷박을 명나라에서 조선에 보내왔다. 이 뒷박에는 아빠 뱀, 아들 뱀 등 두 마리가 있는데 어느 뱀이 아빠 뱀인지 아들 뱀인지 찾아내라. 못 찾으면 벌금으로 쌀 일백 석을 조공으로 바치라는 주문이다. 의전 비서관은 아무리 연구해도 알 방법이 없었다. 그 비서관은 퇴청 후 아버지에게 물었다. 아버지는 간단하다고 설명했다. "뒷박에 개구리를 넣어주면 먼저 먹는 놈이 아빠 뱀이란다." 장유유서란 논리에 의해서 숙제를 무난히 풀었지만 어찌 뱀이 유교의 사상을 알 수 있단 말인가

쥐꼬리만한 알바비를 벌기 위해서 명나라 흉계처럼 조장으로부터 도토리묵으로 시험당했으니,
"손주야, 네게 준 용돈의 사연을 알겠느냐?"

가정도 민주화 바람이 불어 가부장 제도는 사라지고, 남편은 오로지 돈 버는 기계, 애 낳게 하는 도구로 전락했으니 남편은 스스로 자구책을 마련해야겠다. 수여우가 덫에 걸

리면 밤새껏 울어댄다. 암여우가 수여우의 읍소를 듣고 달려와 덫의 문을 열어 살려준다.
'아! 남편이 설 자리는 어디인가?'

※ 국가보훈부신문 나라사랑 14면.(2023. 12. 1.)

2. 탕자를 새사람으로

오월은 만화가 방창하고, 녹음이 싱그러우니 계절의 여왕이므로 당연히 '가정의 달'로 정한 것 같다. 매년 오월이 오면 잊을 수 없는 기억이 있다.

종로 세종로 성당 레지오 단장 시절, 어느 날 영화배우 신영균 같은 미남 신입회원 김기풍 요셉이 입단했다. 청년시절에는 구두닦이, 신문배달, 용달차 운전 등 밑바닥 인생을 거친 후 남대문파 건달 대장까지 섭렵한 화려한 경력자였다. 설상가상으로 아내는 정신 이상자이기에 각방을 사용했는데 어느 날 밤 잠결에 인기척이 나서 눈을 떠보니 아내가 식칼을 들고 눈을 부릅뜨고 남편을 죽이겠다고 협박하므로 그는 겁이 나서 부산 정신 병원에 아내를 수용시켰다. 홀아버지로서 파란만장하지만 딸 둘을 알뜰히 건사하며 아버지의 의무를 다하는 자세가 과히 모범 가장이었다.

연탄불 위에 밥을 안쳐 놓고 남대문 시장을 다녀왔더니 동대문파가 몰래 와서 다된 밥솥에 오줌을 쌌다. 뿔이 난 김요셉은 식칼로 그의 등을 찍어 폭행죄로 이 년간 감옥살이를 했다. 셋방을 얻어 딸 둘을 분가시키고 아파트로 이사 갔다. 그 후 카바레「황금마차」에 댄스 강사로 취직되었다. 미남인데다 화술이 청산유수이므로 늘 여자 춤꾼들이 줄줄 따랐다. 강사가 된지 얼마 되지 않아 여자 수강생과 눈이 맞았다. 그 수강생의 남편이 지방에 출장 갔으므로 걱정마라며 자기 집으로 유인했다. 그 여인은 삼계탕과 양주로 김요셉을 거나하게 취하게 한 후, 그 방에 떨어지게 했다. 새벽 다섯 시에 남편이 갑자기 들이닥쳤다. 옷을 주섬주섬 입고 번갯불에 콩 볶듯이 이층에서 일층으로 뛰어내렸다. 하필이면 간장독으로 빠져 간장을 뒤집어 쓴 채 집으로 마구 달려갔다. 그런데 불행하게 그 방에 지갑을 떨어뜨려 그녀의 남편한테 간통죄로 고소당해 또 일 년간 국비 장학생이 되었다.

김요셉은 이제는 찾아가는 데이트를 하지 않고 찾아오는 데이트를 하기로 결심했다. 그는 아파트 열쇠 여섯 개를 복사해서 춤꾼 여인 여섯 명에게 나눠줬다. 김 여인은 월요일에만 오라며 월순이라 불렀고, 박 여인은 화요일 당번 화순이, 정 여인은 수요일 당번 수순이, 강 여인은 목요일 당번 목순이, 민 여인은 금요일 당번 금순이. 이 여인은 토요일 당번 토순이라고 별호를 지어주되 날짜를 잘못 짚어 중복하면 벼락을 쳤다. 그가 유부녀를 희유하여 간음하면 십계명 중 제7계명을 어기는 신앙적으로 죄악이요, 법률적으로는 범죄 행위이므로, 춤꾼 여인들 역시 김요셉의 희유에 넘어간 것은 잘못이며, 넘어간 것 자체가 내심으로 화냥끼가 있다는 증거이므로 하느님의 심판은 면하지 못한다고 일러줬다.

이제는 새사람이 되겠다고 성당에 찾아와서 우리 레지오에 입단했다. 어느 날 레지오에서 공부하는 도중 김요셉은 코피를 흘리며 쓰러져서 휴게실로 안내한 후에야 파란만장한 탕자 삶을 알게 되었다. 나는 탕자를 새사람으로 교화시키기 위해 신부님께 부탁했다. 그런데 신부님은 결혼 경험이 없으니 교화시킬 수 없으므로 오히려 나에게 새사람을 만들라고 맡겼다. 나는 이 난제를 해결하려고 서울대교구

상담소도 방문해 봤다. 김요셉에게 성경을 매일 탐독케 하며 춤꾼 여인과 관계를 끊으라고 간곡히 당부했다. 그러나 그는 '아내가 아내 역할을 못하므로 어린애를 낳게 하지 않고 그녀들을 도와주며, 단순히 사귀는 관계인데 일부다처가 무슨 죄가 되느냐'며 따졌다. 일부다처 행위는 십계명을 어기는 죄악이라고 강조했다. 게에게 옆길로 가지 말고 앞으로 가라고 지시한들 아무 소용없듯이 방탕 생활이 몸에 배인 자를 바른 삶으로 바꾸기란 쉽지 않았다.

수차례 설득한 결과 춤꾼 여인들과 헤어진 후 아파트를 팔고 단독 주택으로 이사했다. 단독 주택에서도 춤꾼 여인처럼 개를 여섯 마리 키웠는데 요일별로 개 이름을 지었다. 즉 월멍이부터 토멍이까지 지었으며, 성당 행사 때마다 레지오 단원들에게 보양을 위해 아꼈던 애견을 교수형에 처한 후 가마솥으로 직행시켰다.

어느 날, 김요셉의 아내가 부산 정신 요양소를 탈출한 후 내복 차림에 슬리퍼를 신고 택시를 타고 부산에서 서울의 남편 집까지 왔다. 택시 운전기사는 밤 두 시에 서울 사직동에 도착하여 남편에게 택시비 십육만 원을 요구했다. 김요셉은 아내가 내복 차림에 슬리퍼를 신고 있었으므로 운전기사가 상황 판단하지 않고 무심결에 서울까지 손님을 태운 점은 잘못이라며 오히려 택시기사에게 호통쳤다.

"여보시오, 정신병자를 택시에 싣고 온 것은 위법이니, 그녀를 다시 부산으로 데려다 주시오." 했다는 것이다. 아무리 정신병 환자라지만 사랑하는 아내가 부산에서 서울까지 왔는데 하룻밤이라도 편히 재우지 않고 곧장 부산으로 되돌리는 것은 인간의 도리가 아니며, 너무 매정하다고 나는 김요셉을 나무랬다.

어느 날, 레지오 성경 공부 도중 또 코피를 흘리며 쓰러져 구급차로 삼성병원에 실려갔는데 폐암 삼기로 판명되었다. 원인은 환기 시설이 없는 부엌에서 조리를 했으므로 폐병에 걸렸다는 것이다. 그에게 불운이 겹쳐 나는 성당에 가면 성경 공부보다 김요셉을 살리려고 노력하는 것이 일과가 되었다.

결국 김요셉을 강남 성모병원에 입원시켰다. 이틀에 한 번 꼴로 문병 갔으며, 딸들은 직장 관계로 바빠서 오지 못하고 병실에는 보호자 없이 혼자 누워 있었으며, 유리창을 통해 달빛만이 고요히 찾아왔을 뿐이다. 하느님께 간절히 기도했지만 그 기도가 완치의 문턱을 넘지 못했다. 병환은 차

도가 없고 점점 수렁 속으로 빠져 들어갔으니 기도발이 약한 것 같았다. 손발과 얼굴이 붓더니 드디어 복수가 찼다.

그는 딸 둘을 시집도 보내지 못했으니 시집보낼 때까지만 의사에게 명을 연장해달라고 부탁하니 나는 미칠 지경이었다.

종국에는 환자 자신도 삶을 포기한 후 그동안 탕자의 삶을 깊이 반성했으며, 죽은 후 연미사나 많이 해달라고 신신당부하기에 그 약속을 지켜주겠다며 마음을 진정시켰다. 그는 나에게 많은 교훈을 가르쳐 주고 갔다.

자신의 처지를 비관하거나 아무런 두려움 없이 편안한 자세로 죽음을 당당히 받아들이는 그의 자세와 용기가 대단했다. 저녁에 문병 갔더니 기도氣道가 막혀 숨을 가쁘게 내몰아 쉬었다. 허겁지겁 신부님께 종부 성사를 부탁했다. 손을 붙잡고 기도祈禱하며 종부 성사를 드렸더니 얼굴이 맑게 보였다. 비록 이승에서 방탕했지만 부디 천국에 안주해주길 기도했다.

종부 성사를 받고 그 이튿날 어버이날에 한 많은 김요셉은 외로이 선종했다. 사나이로서 파란만장한 인생을 살다 갔지만 그의 따뜻한 우정은 잊을 수 없다. 그토록 간절히 기도했지만 천국의 규정상 기도보다 죄 값이 크기에 어쩔 수 없이 순서에 따라 데려간 것 같았다. 천주교식으로 장례를 치렀는데 상주는 딸 둘일 뿐 미친 듯이 좋아했던 춤꾼 여인들은 아무도 보이지 않았다. 사십구제를 지낸 후 김요셉이 꿈에 보였다. 미나리꽝에서 허우적거린 걸로 보아 아직 연옥에서 머문 것 같아 일주일 동안 연미사를 올려드렸다.

  기일을 맞이하여 삼가 김요셉 님의 명복을 빌며, 병환중인 그의 아내도 하루속히 완쾌하고, 두 딸도 행복하길 기도했다.

※ 강북문협 4호 186면.

3. 작살비

어머니는 전남 장성군 북이면 모현리 두메산골 최씨 양가집에서 태어났다. 일제 강점기이므로 초등학교도 나오지 못했으나 훈장인 외할아버지 밑에서 학문과 가정 예법을 배웠다. 혼기가 되자 전북 고창의 아버지와 연을 맺게 되었는데 아버지는 큰댁의 양자로 책봉된 점이 외할아버지에게 호감이 간 것 같다. 당시 큰댁은 고창군에서 열 손가락 안에 들 정도의 갑부였기에 선망의 대상이었으니 호감이 갈만했다.

결혼 당시 어머니는 이십삼 세로 아버지보다 세 살 연상 여인이었다. 어머니는 결혼 날짜를 받아놓고 하필이면 왼쪽 새끼손가락이 아렸다. 당시 약국도 없었으므로 민방약으로 참새의 배를 갈라서 손가락에 감싼 채 가마를 타고 시집왔다고 했다. 설상가상으로 큰댁에서는 득이 없다고 판단한 후 갑자기 아버지 양자 책봉을 취소했으니 할아버지는 빈자貧者의 분노가 용솟음쳤겠으니 사돈인 외할아버지에게 면목이 없었으리라. 무지갯빛 부귀영화를 겨우 칠 년간 누리다가 결혼 팔 년 만에 남편의 전사戰死로 청상과부가 되었으니 작살비의 연속이었다.

자욱하게 해무 낀 바닷길처럼 앞이 보이지 않았지만 가난을 벗어나기 위해서 숱하게 몸부림쳤다. 가장家長이 떠나자 도깨비가 다리 걸어서 넘어지듯 가세가 기울어졌으니 가슴 아린 시련의 연속이었다. 어머니는 단지 우리 삼남매만 건사할 뿐 아니라 층층시하를 부양하는 가장이었으니 가장의 도를 넘어 전사戰士처럼 강했다. 그런 강한 용기가 어디에서 나왔을까.

숙부님께서 주선하여 성북구 신흥사에서 환갑잔치를 치러드렸다. 하필이면 당일 비가 억수같이 와서 잔치가 물거품이 될까 염려했는데 예상외로 축하객이 물밀듯이 몰려와서 깜짝 놀랐으니 어머니의 평소 자비덕분이었다.

막내딸이 파리로 유학갔을 때 다 큰 처녀가 외국에 있으니 항상 불안해하시더니 결혼을 서둘렀다. 자식이 객지에 있으면 부모의 근심하는 마음이 그곳에 찾아가는데 부디 알콩달콩 행복하게 살기를 바랄뿐이다.

그러나 어머니의 경우는 자신의 처지를 비관하거나 주눅들지 않고 당당했으며 더욱이 외할아버지께 한 번도 원망하는 것을 보지 못했다. 마음이 태평양같이 넓어 숙명으로 받아들였으니 이 자세가 어머니의 인격이었다.

어머니는 이재에도 밝아 돈 버는 재주가 많았다. 봄에는 누에를 두 탕이나 길러 명주실을 만들었고, 삼복더위에는 풀칠하며 모시 길쌈한 후 명주실과 모시베를 팔아서 돈을 모아 교육비와 가계를 꾸려갔다.

왜소한 몸으로 명주실과 모시베를 머리에 이고 사십 리 길을 걸어서 정읍시장에 갔다. 이를 팔아 고무신, 옷감, 고등어, 학용품 등을 사서 머리에 이고 땅거미가 질 때 돌아왔다. 나는 동생의 손을 붙잡고, 동구 밖 뚝방에서 까치발 딛고 어머니를 기다렸다. 부엉이 소리가 나니 마음이 더욱 불안했다. 밤비에 길을 잃었을까 산 짐승에 잡혀 먹혔을까, 온갖 망상이 머릿속을 흔들어 댔다. 드디어 산모퉁이에서 어머니 발자국 소리가 났다. 동생은 "엄마"하고 울었다. 나도 울어버렸다.

 이재에 밝은 어머니는 닭을 키워 돼지를 샀고, 돼지를 키워 소를 사는 등 여러 번 바꿈질해가며 돈을 벌어 학비와 생활비를 충당하여 시삼촌을 고등학교에, 자식 셋을 대학교까지 보내 대단한 억척을 보이셨다. 밤이면 빨치산 등살에 견딜 수 없어 동네 방앗간 집으로 피란 갔다. 당시 어머니는 치통으로 고생하셨다. 피마자 씨앗을 바늘로 꽂아 초롱불에 데워서 그것으로 아픈 부위를 지졌다. 치료가 될 리 없고, 다만 시원했었으리라. 아팠지만 참으면서 팔자를 원망하며 마구 지져대며 스트레스를 풀었으리라.

 어느 날, 보리타작 때 당숙이 보리카락이 눈에 들어가 눈을 뜰 수 없었다. 당시 병원이 없었으므로 어머니는 나무젓가락을 핀셋처럼 만들어 그 끝에 명주실을 감아서 조심스럽게 보리카락을 훔쳐냈다. 하마터면 당숙이 실명될 뻔했다. 어머니의 슬기에 가족들이 깜짝 놀랐다. 그뿐만 아니라 동네 아낙네들의 신생아를 모두 어머니 손으로 받아냈으니 동네 우물가에서 무면허 의사로 소문났다.

어머니는 부지런하고 집념이 강하셨다. 새벽녘이면 집에서 오리쯤 떨어진 동림저수지에 걸어서 갔다. 세수대야로 저수지 물을 마구 품어 올리면 피라미와 보리새우가 따라 올라와 얼맹이에 잡혔다. 지나간 세월이 억울하다며 수없이 물길질로 화풀이 했을 것이다. 당시 고무장갑도 없이 맨손으로 물길질을 했으니 손가락은 모두 동상에 걸렸으리라. 나는 피라미와 보리새우를 더 먹겠다고 동생과 싸웠으니 어머니 시각엔 내가 어떻게 보였을까.

어머니를 호강 한번 시켜드리지 못했는데 고생만 하시다가 칠십사 세에 한 많은 세상을 떠나셨으니 가슴이 미어진다. 마지막 가는 날도 무척 추웠다. 첫 단추가 꼬이면 다음 단추부터 계속 꼬인다는 머피의 법칙이 적용했으니 어머니의 일생은 시련의 연속이었다.

그러나 어머니는 시련과 역경을 당할 때마다 좌절하지 않고 오히려 작살비처럼 강인하게 살아 가정을 성공시켰으니 자식들은 어머니의 끈기와 지혜를 배우며 자랐고 특히 부모의 피가 자식들에게 지금도 흐르고 있어 든든하다.
 어머니는 비록 배움이 없었지만 지혜와 교양이 훌륭하여 자식들에게는 스승이요, 목숨을 살린 젖줄이요, 든든한 기둥이었다.

4. 폼페이의 몰락

  국가에서는 양성평등을 주장하지만 실제로는 남자가 불리한 입장이다. 더욱이 다른 형사 사건과 달리 성희롱 사건은 피해 여자의 진술만으로 남자를 처벌하는데 이는 모순이 아닐까. 간혹 여자가 불순한 생각에 고의적으로 남자를 고소했다가 오히려 무고로 구속되기도 한다.

  교대역에서 남자 승객이 여자 승객에게 추근대다가 태권도 유단자인 여자가 한가락 휘젓는 바람에 남자가 코뼈를 심하게 다쳤다. 폭력자의 시비를 가리기 위해 두 남녀는 경찰서로 함께 갔다. 남자가 여자한테 폭행당했다고 호소했지만 수사관은 여자가 남자를 폭행할 리가 없다며 믿지 않았다. 남자가 여자를 폭행하고 도망가다가 계단에서 넘어져 코뼈를 다쳤다고 여자가 둘러댔다. 남자가 피해자인데도 가해자로 바뀌어 코뼈를 다치고도 벌금 오십만 원을 물었다.

나는 육군소위 시절, 부산 육군군수 기지사령부의 사령관실 통역장교로 복무했다. 부대 근처 연산동에서 하숙했다. 하숙집은 적산가옥이므로 안방에서 밀창만 삐딱하면 윗방인 하숙방으로 연결되었고, 방음시설이 없으므로 안방의 숨소리까지 들렸으니 젊은이를 하숙치기에는 부적절했다. 집주인은 부산진역 기능공인데 매일 술에 쩔어 저녁식사를 마치면 석유 발동기처럼 코를 골며 녹아 떨어져 나무토막같이 잠만 잤다. 하숙집 아주머니는 사십대 미모에 말수가 적었으며, 항상 미소로 대답하는 현모양처 같았다.

어느 날, 하숙방 동실자 김 소위가 창원의 부대로 출장가서 혼자 잤다. 밤비가 추적추적 내리는 밤, 문득 고향 생각이 나서 시골에서 온 편지를 읽다가 잠이 들었다. 밤중 두 시경이나 되었을까 방 안에서 인기척이 있어 나는 가재미처럼 눈을 옆으로 뜨고 어둠 속을 더듬었다. 검은 허수아비

같은 물체가 어른거렸다. 도둑으로 판단하고 야구방망이를 찾았다. "고 소위님 나야, 방이 따뜻한가 보러 왔어." 하숙집 아주머니였으며, 그녀의 통큰 모험에 불안감이 엄습했다. 향수냄새가 코를 진동했다. "당장 나가세요, 나가지 않으면 소리를 지를 거요", "방이 따뜻한가 보러왔다는데 무슨 강짜야." 그녀는 이불을 덮어주며 미적거렸다.

혁명군이 한강을 넘어오듯이 아주머니는 심야에 굶주린 늑대가 되어 문턱을 넘어 총각방으로 들어왔다. 낮에는 양처럼 얌전한 아주머니가 밤에는 무서운 늑대가 되다니 그 이중성에 놀랐는데, 한두 번이 아닌 것 같았다. 밤에 주인이 아무리 주태백이라 할지라도 내가 주인의 공격 사정권 내에 있으므로 아주머니의 수청을 들어줬다간 칼침 맞기 십상이다. 더욱이 부대에서 소문나면 당장 불명예 전역감이다. 재빨리 응접실로 피신해서 총각성總角城의 함락은 면했다. 아침이 되자 왠지 쑥스러워 나는 아주머니의 얼굴을 정면으로 볼 수 없었다. 그런데 아주머니는 간밤에 아무 일이 없었다는 듯이 태연했다. 아침 식사를 준비한 후 평소에는 "고 소위님, 식사하세요." 했는데 그날 아침에는 "고 빙신아, 밥 묵어라."라며 도도하게 반말로 했다. 친구 김 소위는 아주머니가 갑자기 빙신이라 부른 이유를 물었지만 사연을 설명할 수 없어 속만 탔다.

항간에 하숙생이 하숙집 아주머니 방에 들어갔다는 말은 들은 적 있지만 하숙집 아주머니가 하숙생 방에 들어갔다는 말은 들어본 적이 없다. 하숙 자체가 생계 수단이므로 하숙비만 받을 것이지 하숙생 아주머니가 하숙생을 성 노리갯감으로 농락해서 젊은 장교의 앞날을 망치게 하면 안 되지 않겠는가. 언젠가는 정복당할 것 같아 나는 하숙집을 기숙사로 옮기기로 결심했다. 눈치 빠른 김 소위가 아주머니에게 넉살을 부렸다. "아주머니, 모레가 고 소위 생일이거든요." 반찬을 잘 해달라는 연극을 꾸몄지만 나에 대한 아주머니의 분통이 가라앉지 않았으므로 그녀의 귀에 들릴 리 없었다. 하숙집 아주머니한테 당한 것이 어찌 이것뿐이랴.

2020년 인천의 모 초등학교 여교사가 옛 제자로부터 폭행 및 협박을 당했다고 경찰에 고소했다. 그런데 경찰의 조사과정에서 고소인 여교사가 피의자로 바뀌었다. 여교사는 제자에게 불법 과외를 소개시키고 중간에 커미션을 챙겨 제자에게 재산적 피해를 끼쳤다. 하숙집 아주머니가 심야에 총각방에 들어와 심리 상태를 불안하게 조성했듯 여교사는 제자의 불안한 심리 상태를 이용하여 자가용과 교실에서 수

차례 제자와 강제적 성관계를 가진 탓으로 인천 교육청은 여교사를 파면시켰고 인천지방법원은 여교사에게 징역 삼 년을 선고했다.

교사가 제자를 추행하고 돈까지 갈취했으니 교사로서 품위를 상실한 행위 아닌가. 옛 어른들의 말씀에 하숙집 아주머니는 어머니와 같다 했는데 아주머니가 하숙생을 성 노리갯감으로 삼았고, 또한 옛 어른들의 말씀에 제자가 스승의 그림자도 밟지 마라 했거늘 스승이 되려 제자를 추행해서 인생을 망가지게 했으니 자녀들을 대체 어디에 맡길까.

지도층이나 서민층 할 것 없이 남자든 여자든 현대사회에서 신성한 성을 책임지지 않는 오락으로 즐기는 것은 문제가 아닐까. 건전한 삶을 지향하는 많은 지성인들은 욕망의 무절제에 대한 성 문제를 해결하지 못해 고민하는 것 같다. 고대 로마의 폼페이Pompeii시민들은 성 향락과 호화스런 사치로 문란한 생활이 도가 지나쳐서 신은 베스비오화산을 폭발시켜 화려한 도시를 완전히 멸망시켰다. 신은 본능에 의한 성 향락보다 도덕적인 인간성이 더 중요하다는 것을 강조하기 위해 심판한 것이니 한번쯤 고개를 들어 하늘을 쳐다보며 부끄럼이 없는지 스스로 성찰해야겠다.

5. 아내만 보면 떨려

과거 여필종부女必從夫시대가 있었다. 수사자가 노상 낮잠만 자다가 암사자가 잡아온 먹이를 독차지했으니 얼마나 호강했을까. 조선시대에는 도포 자락만 걸치고 팔자걸음만 걸어도 저잣거리에서 주막의 주모가 외상으로 대포를 줬다 하니 남자로서 신바람 났으리라.

그러나 악처惡妻나 공처가恐妻家란 말은 들은 적이 있어도 악부惡夫나 공부가恐夫家란 말은 들어 본 적이 없다. 아내는 남편에게 반드시 복종해야 한다는 여필종부시대에 남편이 아내에게 벌벌 떤다는 공처가는 이해할 수 없으니 모순이 아닐까. 군대에서 남편이 대령이면 아내는 장군 행세를 하는 경우도 있지만 그 반대도 있다. 어느 여고생이 몽유병 환자처럼 '서울대 신랑병'에 빠졌다가 실제로 서울대 출신 남자와 결혼했더니 호강은커녕 매끼마다 식사를 바치며 하인 노릇하다가 지금은 미수米壽로 똥오줌까지 받아내는 고역에 처했으니 여자의 일생은 뒤웅박 팔자란 모델이다.

지하철에서 아낙네들이 수다를 떨었다. 바퀴벌레를 보면 단번에 죽이지 말고 남편에게 "난 바퀴벌레만 보면 무서워서 떨려요."라고 엄살을 부리라는 것이다. 부부가 일심동체인데 아내가 남편을 이렇게 속일 수 있단 말인가.

초등학교는 교사의 성비性比가 단연 여자가 많아 남자 담임 선생님이 없는 반이 많다고 한다. 그런 반의 남학생은 여성 전용어를 쓰는 경우도 있으니, 군대에 입대하면 인민군과 싸우기는커녕 바퀴벌레도 잡지 못하는 겁쟁이가 될 것 같았다.

부부가 사오십 년 살다 보면 만년에는 애정 관계는 알싸하게 발전하는 것 아니고, 그저 의무감에서 일벌레나 파수꾼처럼 충성하고 있으니 가족인들 누가 알아주랴.

남성 상위 시대에서 남녀동등 시대를 지나 지금은 여성 상위 시대이니 언젠가 남성 하위 시대가 될까 두렵다. 아니 하위 시대가 이미 도래했으니 이제는 동물처럼 모계 사회가 되려는 것 아닐까. 그 사례가 공처가 시대다. 공처가와 애처가가 어떻게 다른가? 예컨대 삼계탕 집에서 삼계탕 한 그릇을 포장해서 아내에게 주는 성의가 애처가이고, 주문 전에 아내에게 "여보, 친구가 삼계탕 먹자는데 먹어도 돼?"라고 물어보는 경우가 공처가이다.

공처가로 소문난 어떤 전직 공무원이 있었다. 아내가 찹쌀 순댓국이 먹고 싶다고 부탁했다. 일부러 강남의 유명한 순댓국집에서 찹쌀 순댓국을 만 오천 원에 샀다. 지하철 내 인간 숲에 밀려, 의자에 앉아 있는 아가씨 치마에 순댓국을 엎질렀다. 손수건으로 닦아주며 죄송하다고 사과했지만 진돗개처럼 앙칼대므로 세탁비조로 이만 원 주고, 쑥스러워 도중에 지하철에서 내렸다. 아내 때문에 망신당한 하루였다.

또한 어느 약국에 노인이 와서 박카스 한 박스를 샀다. 약사가 포장을 하려는 순간 그의 아내로부터 핸드폰이 울렸다. "참기름을 사오라고 했는데 웬 박카스요?" 호통을 치는 바람에 사려던 그는 박카스를 포기하고 재빨리 기름집으로 달려갔다. 벌벌 떠는 공처가의 행실이 처량했다. 그 이튿날 약국에 다시 와서 어제 받은 영수증을 마이너스로 발급해달라며 날만 새면 아내가 무슨 심부름을 시킬지 두렵고 떨리지만 행복하다고 중얼거렸다.

민주 국가에서 가정은 국가의 근간이자 기초 단위이다. 한평생 처자식 먹여 살린 공은 잊었고 공처가 신세일지라도 먹여는 줄 것이니 아무 불평 말고 살라고 한다. 남편에 대해서 연민의 정은 찾을 길 없고 남편이 오래 살아야 아내가 과부 신세를 면하게 하는 분위기이라니 남편은 샌드백인가? 가장이 설 자리는 과연 어디인가? 도처에 공처가가 즐비하다.

6. 왜 때립니까

 2022년 9월 중순 신당역 여자 역무원이 동료 남자 역무원으로부터 오랫동안 스토킹을 당하다가 이를 거절하자 살해당했다. 법원의 신변 보호 대상이지만 경찰의 또 늑장 출동으로 생죽음을 당했다. 이십팔 세 젊음의 죽음이 가슴이 아파 방금 영전에 국화를 올린 후 생명 지켜주지 못한 기성인이 부끄럽고, 떨리는 마음으로 이 글을 쓴다. 실로 온 국민이 큰 충격에 빠졌다. 요즘 인간의 목숨을 닭 모가지처럼 쉽게 비틀어버리는 세태로 변했는데 종교는 언제까지 침묵할 것인가?

사십여 년 전, 당시 청와대 경호실에 근무하는 학훈단 후배와 오랜만에 퇴계로 주점에서, 학창 시절을 회상하며 거나하게 취한 적이 있다. 지하철을 타기 위해 남대문 시장을 지나는데 시장 입구에 삼십여 명의 인파가 웅성거렸다. 군중을 헤치고 안에 들어가 보니 나보다 머리 하나가 더 큰 사나이가 잔뜩 화가 나서 사십대 여인을 원투로 뻗어 여인의 얼굴이 피범벅이 되었다. 그 여인 옆에는 대여섯 살 정도의 딸인 듯한 아이가 울고 있었다. 여인은 눈빛으로 도움을 청하는 듯 했다. "연약한 여자를 왜 때립니까?" 내가 묻자 그 남자는 "내 마누라인데 육 개 월 전에 가출해서 오늘 겨우 찾았다."라며 내 마누라이니 간섭하지 말라고 다그쳤다. 만약 자신의 마누라가 옳다면 군중 앞에서 망신 줄 리가 없으므로 이 주장은 핑계에 불과하다는 것을 직감했다. 이 말을 곧이듣고 구경만 하는 군중이 얄미웠다. 그 순간 여인이 그의 아내가 아니라는 뜻으로 손사래를 보내왔다. 어린이에게 "이 아저씨가 네 아빠니?" 하고 물었더니 역시 고개를 좌우로 흔들었다. 그 여인이 떳떳하게 "당신의 아내가 아니다."라고 말하지 못할 이유, 즉 남자에게 금전 지원이나 취업을 알선 받은 등 사연이 있었으리라.

신고 제도가 있지만 밑바닥 인생에게는 신고보다 목구멍

이 더 중요하므로 먹이사슬의 세상에서는 이는 빛 좋은 개살구에 불과하므로 이 대목에서 변칙이지만 정의의 주먹이 발동해야겠다. 이제 상황을 모두 판단했으므로 무슨 수단을 써서라도 저 여자를 구해줘야겠다고 결심했다. 그 남자를 잘못 건들었다가 저 여인을 인질로 잡고 행패를 부릴 수도 있으므로 나는 하소연을 들어주는 척하며 같은 패거리나 흉기가 없는지 그 남자 주위를 살폈다. 패거리가 없음을 확인한 후 나는 합기도 실력으로 순식간에 남자의 배를 힘껏 내리쳤고, 후배도 눈치 빠르게 태권도 실력으로 동시에 그 남자의 턱을 쳤더니 중심을 잃고 흐느적거렸다. 서 있는 자세를 그대로 쳤다간 뒤로 넘어지면 뇌진탕으로 즉사하므로 나는 그의 허리를 잡고 당기면서 상체를 밀었는데 그는 그대로 땅에 살포시 넘어졌다. 군 시절 적 다루듯이 도망가지 못하게 재빨리 바지의 지퍼를 찢고 허리띠를 풀어 뒤로 묶었다. 운동 유단자 두 명의 협공으로 제압했으니 논두렁 깡패 정도는 누워서 떡먹기이므로 작전(?)은 전광석화같이 끝났다.

남자를 땅에 무릎을 꿇게 한 후 112에 신고했다. 남대문경찰서에서 백차가 번개같이 도착했다. 남자를 인계하려니 이를 잡은 우리들도 같이 가자했다. 경찰서에서 조회하니 남자는 예상대로 그 여인과 부부 관계가 아니고 남대문시장 일대의 다방 종업원이나 식당 종업원 등 약자의 돈을 뜯는 속칭 건달 앵벌이었다. 피해자인 여인은 다방 종업원으로 오랫동안 돈을 뜯겨 도피 중이었는데 집요한 그 건달의 손에 또 잡힌 것이다. 수사관이 나에게 "어떻게 처리할까요?" 물었다. "경찰서에서 구류할 수 있는 최장기간 구류시켜 주세요."

부탁한 후 우리는 서로 호주머니를 털어 모녀에게 오만 원을 건네줬다. 차후에 인사하겠다며 연락처를 요구했지만 이 사건과 같이 재현될까 봐 거절했다. 연신 고맙다며 경찰서를 나서는 모녀의 뒷모습이 너무나 측은했다. 훗날 남대문경찰서에서 "용감한 시민상"을 권했지만 나는 천주교 신자이므로 할 일을 했으므로 거절했다. 당시 우리들 주먹이 아니었으면 그 여인은 신당역 역무원처럼 희생되었을 것이다. 홍제동에 산다는 위기에 빠졌던 모녀는 지금쯤 육십 대, 꼬마는 삼십 대쯤 되었을 것이다. 그들이 행복하길 기도할 뿐이다. "피해자가 구조를 원할 때 외면하면 이는 폭력자의 편이며, 위기에 처한 약자를 구조하는 모험은 신의 축복이므로 반드시 보상을 받는다."

(2016. 11. 27. 가톨릭 평화신문 독자마당)

7. 철없는 부탁

앨범을 보니 군 생활의 추억 한 토막이 떠오른다. 50여 년 전 소위로 임관한 후 첫 부임지가 ○○ 건설공병단 본부 중대, 부중대장이었다. 부임한 지 일주일째 되는 토요일, 조그만 사고가 발생했다. 내무반에서 서지(Serge, 순모) 바지 하나가 분실되었다. 중대장은 바지 도둑을 월요일까지 잡아 놓으라고 명령한 후 퇴근해 버렸다. 바지를 훔쳐간 사병이 순순히 자백할 리도 없고, 일요일엔 사병들마저 외출해 버리므로 토요일 중으로 범인을 못 잡으면 무능한 장교로 낙인찍힐 것 같았다.

골똘히 궁리한 끝에 묘안이 떠올랐다. '사람의 심리를 이용하면 어떨까?' 전단화우田單火牛* 같은 기지機智가 번개처럼 떠올랐다. 즉 인간이 심적으로 위축했을 때 충격을 주면 반응을 보이는데 이 원리를 이용하면 해결될 수 있을 것 같았다. "선임하사! 오랫동안 근무하셨으므로 모든 방법과 수단을 동원해서 도둑을 찾아주세요." 했다. 그는 밤 열한 시경 전 소대원에게 완전 군장을 시켜 두 시간 동안 연병장을 달리게 했지만 범인은 좀처럼 자수를 하지 않아 범인을 잡지 못해 죄송하다고 연신 사과했다. 도둑은 잡지 못했지만 기합이 전혀 무모한 일은 아니었다. 즉 기합을 받았으므로 심리적으로 긴장되어 있었다.

나는 사병들을 전원 내무반에 입실시켜 침상에서 무릎을 꿇게 하고 손을 높이 들게 했다. 만약 눈을 뜨면 범인으로 간주하겠다고 엄포를 놓았다. "나는 훔친 자를 알고 있으므로 지금부터 내가 여러분들의 앞을 지나가면서 훔친 자의 머리에 손을 얹겠으니, 훔친 자는 손을 내린다. 알겠나!" 동일한 내용을 반복적으로 명령하여 심리적으로 압박한 후 모

---

* 전단화우란 기지機智를 써서 소꼬리에 갈댓잎을 묶고 기름을 부어 불을 붙인 후 燕나라를 공격하여 승리했다는 중국 濟나라 고사.
≪들풀문학≫에서 2023년 명작수필로 선정. daum, naver에 '고재덕' 클릭하면 열람 가능.

든 소대원들의 머리에 손을 얹게 했다. 심리적으로 매우 긴장한 상태였을 바지를 훔쳐간 사병은 자신도 모르게 손을 내렸다. 다른 동료들에게는 눈치 채지 못하도록 손을 다시 올리게 했다.

소대원들을 취침시킨 후, 그에게는 첫 번째 불침번 명령을 지시했다. 불침번 신고를 위해 중대장실에 들어온 김 이병은 내 앞에서 무릎을 꿇고, "부중대장님, 제가 죽을죄를 졌습니다. 용서해 주십시오." 하고 울면서 모든 것을 털어놓았다.

첫 휴가를 얻어 고향에 갔을 때 그의 처제가 서지 바지로 달라고 부탁해서 전우의 바지를 훔쳤다고 자백했다. 처제의 철없는 부탁이 전 소대원에게 연대 기합을 받는다는 사실을 처제는 몰랐을 것이다. 군 형법상 절도는 이적 행위로 구속이 원칙이지만 눈물로 참회했으므로 처벌보다는 용서하기로 했다. 절도 사병에게 개과천선의 기회를 주는 것이 실失보다는 득得이 많을 것으로 생각했다. 죄는 용서하되 도벽은 반성케 하여 바로잡아 줘야겠다고 생각했다. 반성문을 작성하되 원본은 내가, 사본은 김 이병이 지니고 다니되, 매일 반성문을 암기하도록 지시했다.

절도 사실이 소대원들에게 알려지면 따돌림이나 가혹행위 등 인권 침해에 대한 심각한 문제가 일어날 수도 있고, 또 심하면 총기난사를 야기할 수도 있어 보안을 철저히 유지했다. 피엑스에서 장교 쿠폰으로 서지바지 하나를 사서 김 이병에게 주고, 김 이병이 훔쳐갔던 바지는 이 병장에게 돌려줬다. 바지를 처제에게 전달하기 위해 김 이병을 일주일간 휴가를 보냈다. 김 이병은 영창에 갈 줄 알았는데 휴가까지 허락해 주니 무척 기뻐서 어찌할 줄 몰라 했다. 휴가를 마치고 귀대했다. 김 이병이 호박떡 세 말을 짊어지고 귀대했다. 소대원들은 아무도 그 이유를 모른 채 호박떡을 맛있게 나누어 먹었다.

그 후 나는 사령부로 옮겼으며, 그 부대를 방문할 기회가 있었다. 그 사병은 그때까지 반성문을 몸에 간직한 채 암기하고 다녔으며, 부대에서 표창장까지 받은 모범 병사로 변했다. 오십여 년이 지난 요즈음, 그는 아마도 군대에서 겪었던 뼈아픈 경험을 바탕으로 착한 마음으로 행복하게 사회에서 잘 살고 있을 것이며, 그의 처제도 서지 바지의 사연을 모르는 채 행복하게 살고 있으리라 생각하니 내 마음도 흐뭇했다.

8. 빗나간 기도

　인천공항에서 홍콩까지는 3시간 50분 거리로 비행기가 이륙하면 지루하지 않는 시간에 홍콩에 도착한다. 항공기 좌석에서 아래를 내려다보면 에나멜드색 망망대해大海위에 태양빛이 반사되어 반짝거리고 기체는 흰 구름 속으로 스르르 미끄러진다. 나 자신이 우주 속에 하나의 점이 되고 보니 그동안 욕심도 오만도 사라지고, 신선이 된 기분이며 비행 순간만은 수도원에 온 순례자 같으니 라이트형제에게 새삼 감사할 뿐이다. 특히 우리 입맛에 맞는 한식 기내식과 항공계에서 최상의 친절 서비스, 언어소통에 불평이 없는 국적기는 더욱 고마우며 애착을 느낀다.

홍콩에 갈 때는 내 자신을 성찰했으나, 올 때는 객기客氣가 동動한 탓인지 다정한 말벗이, 이왕이면 여승객을 만나길 주책없이 기다려졌다. 출국 수속 시 마음속으로 "하느님 내 옆자리에 여승객을 보내주세요."라고 기도를 드렸다. 드디어 수속을 마치고 비행기에 탑승했다.

'오~ 아뿔사!' 하느님께서 내 기도를 정확히 들어주셨다. 그러나 기도가 빗나갔으나 내 뜻이 아니고 하느님의 뜻이었다. 여인과 로맨스를 즐기라는 것이 아니라 고통을 참고 불우한 이웃을 도와주라는 주문이었으니 기도의 힘이란 기묘하고 위대했다.

기도대로 여자 승객이 이미 내 옆자리에 앉아 있었는데, 정작 덩치가 탱크같이 큰 흑인 승객이었다. 스튜어디스의 비상 탈출 시범이 끝난 후 안전벨트를 매라는 안내 방송이 나왔다. 안전벨트를 매려는 순간 그 여자가 몸이 크므로 내 오른쪽 팔걸이를 올려야만 앉을 수 있다고 눈빛으로 호소했다. 싫지만 양보해주기로 했다. 내 자리를 삼분의 일 정도를 뺏기고 앉았으니 나는 자리가 비좁아 마늘쪽이 되어 불편한 자세로 웅크린 채 고통을 견디어야만 했다.

스튜어디스에게 다른 좌석으로 옮겨 달라고 부탁했더니 여유 자리가 없다고 했다. 자칭 나이지리아 전 내무부 차관 부인이라고 소개했지만 허름한 슬리퍼나 매끄럽지 않는 매너로 보아 귀부인 같지 않았다. 특유의 몸 냄새가 내 코를 진동했지만 불쾌할까 봐 싫다는 표정을 짓지 않았다. 비행기가 이륙하자마자 기내식으로 한식이 나왔다. 나는 재빨리 그녀에게 물티슈를 줬는데도 손을 닦지도 않고 숟가락, 젓가락, 포크를 거들떠보지 않고 그냥 손가락으로 집어서 입에 넣었다. 식사를 마치자마자 그 여인은 곧장 내 어깨에 몸을 기대고 잠이 들었다. 코 고는 소리 때문에 신문을 읽을 수도 없고 큰 덩치에 짓눌려 숨을 쉴 수도 없어, 차라리 편안하게 자라고 자리를 양보해주고 통로에서 서성거렸다. 비행기가 흔들리면 위험하므로 자리에 앉으라고 스튜어디스가 권했다.

내 앞 좌석의 백인이 내 옆을 지나가면서 나에게 고생이 많겠다는 눈빛을 보냈다. 옆자리 여성이 눈치챌까 봐 모른 척했다. 드디어 지루한 고통의 시간이 지나고 인천공항에 도착했다. "긴 여행 동안 편안한 시간이 되었습니까?"며 기내 방송이 흘러 나왔으니 편안한 여행이 아니었으므로 심술궂게 들렸다. 통관 수속 시 승객들에게 밀려 삼십 분만에 입국장으로 나왔다.

일층 로비 스낵에서 많은 사람들이 웅성거렸다. 그 여자 흑인이 엉덩이가 너무 큰 나머지 플라스틱 의자에 낀 탓으로 몸이 빠지지 않아 여자도우미들이 흑인 여자를 빼내기 위해 허리를 휘어잡고 당기느라 진땀을 흘리고 있었다. 나는 주변 사람들에게 웃지 말라고 호통친 후 즉시 주방장을 불러 플라스틱 의자 손잡이를 벌렸다. 마침내 몸이 겨우 빠져나왔다.

외국에 가면 우리나라의 존재감에 고마움을 느끼고, 국격을 올바르게 지키므로 누구나 애국자가 되고 나라를 선전하는 민간 외교관이 된다. 내가 외국에 나갔을 때 유사한 고통을 당할 수 있으므로 외국인을 응대할 때도 따뜻하게 보살펴야 한다. 그 흑인은 나이지리아 내무부 차관 아내 신분임에도 불편한 신체 때문에 외국에서 조롱당한 걸 보니 처연한 생각이 들었다. 나는 기도 덕분에 미력이나마 어려운 그 흑인 여인을 도와줬을 뿐이다. 앞으로 그 흑인이 체중을 줄여 날렵한 숙녀로 활동하길 기도한다.

※ 가톨릭신문 2022. 10. 16.

9. 강아지가 무슨 죄냐

비가 오려면 허리가 쑤시듯이 해마다 유월이 오면 속이 뒤집혀진다. 붉은 마수가 이 강산을 휘저은 지 칠십이 년이 흘렸는데도 그 악몽이 아직도 꿈틀거리니 처절했던 그 시절 잔혹사를 어찌 잊으랴. 그래도 목숨만은 끈질겨 면면이 대를 이어왔으니 조상님께 체면이 세워져 다행이다.

당시 아버지께서 경찰 신분이었으므로 우리 집은 감시 대상 제 일호였다. 아버지는 경찰로서 해방 후 무질서한 사회의 치안을 유지시킨 공로자였는데 인민군은 왜 경찰을 못 살게 굴었을까? 박헌영이 주도하는 여순 사건(여수 순천 십일

구 사건)에 경찰이 진압했으므로 그들의 시각에서는 원수처럼 보였기 때문이었으리라. 인민군 점령시대에 아버지께서는 전주 형무소에 갇혀 깜깜무소식이었으며, 온 가족은 빨치산 등쌀 때문에 날만 새면 어떻게 하루를 넘기느냐로 괴로워했다.

한국 전쟁 이전에는 아버지께서 경찰이었기에 우리 가족이 귀족처럼 살았다. 당시 누구나 바지저고리 옷차림인데 우리 집안 남자들은 양복을 입었고, 어린애들은 고무신도 신기 어려웠는데 나는 구두를 신고 뽐내며 다녔다. 세상이 바뀌니 무식한 머슴들이 어깨에 힘주어 '사촌이 논 사면 배가 아프다.'했듯이 우리 집안은 순식간에 부르주아나 반동분자로 몰렸다. 일 년 동안 빨치산은 추수한 곡식을 부엌에 모아놓은 후 문을 닫고 빨간 스티커를 붙여 놨다. 개 순돌이가 놀라 부엌으로 숨었다가 배가 고파 문을 열고 밖으로 나오는 바람에 문이 열려 스티커가 떨어졌던 것이다. 마당에는 굵은 철사 빨랫줄이 있었는데 새벽 여섯 시만 되면 읍내에서 빨치산 서너 명이 머슴을 앞세우고 우리 집에 찾아와서 죽창으로 빨랫줄을 때리면서 집 안을 쩌렁쩌렁 울려 온 식구가 잠을 깨곤 했다. 어머니가 밭에 갈 때 바구니에 권총을 넣고 다니는 것을 봤다고 방앗간 머슴이 빨치산에게 고자질했다.

　어느 날, 새벽에 빨치산들이 어머니를 마당에 꿇어 앉혀 놓고 "권총을 찾아내라, 부엌문의 스티커를 찢은 놈을 찾아내라, 부엌문을 열고 쌀을 도둑질한 놈을 찾아내라."라고 윽박질렀다. 쌀은 가져가지 않았지만 설사 가져갔다 하더라도 우리 쌀을 우리가 가져갔는데 무슨 도둑이란 말인가. 총개머리로 어머니의 등을 내리쳤다. 나와 고모는 문구멍으로 빨치산들이 어머니를 때리는 장면을 똑똑히 봤으며, 피가 끓어올랐다. 빨치산의 매질 후유증으로 어머니는 평생 동안 고생하셨다.

　"권총은 경찰서의 재산인데 왜 우리 집에서 찾습니까? 권총을 본 적도 없습니다. 부엌에 가뒀던 개가 나오는 바람에 스티커가 떨어졌습니다."라고 어머니는 해명하셨다. 빨치산이 당장 개를 불러오라고 명령했다. 어머니가 순돌이를 부르니 개가 어머니 곁에 왔다. 빨치산은 개의 머리를 향해 권총을 발사했다. 강아지가 무슨 죄냐? 순돌이는 머리에서 선혈을 흘렸으며 숨이 멈출 때까지 빨치산을 응시했다. 개가 죽는 장면에 나의 시선이 한참 머물러 몸이 부르르 떨렸다.

그 이튿날 석양에 빨치산들은 어머니와 열다섯 살의 삼촌을 앞세우고 뚝방으로 갔다. 어머니는 죽는 줄 알고 앞이 깜깜하여 발이 떨어지지 않았다고 하셨다. 어머니와 삼촌을 뚝방에 앉혀 놓고는 죽이려고 방아쇠를 당기려는 순간 이장이 가까이 왔다. "대장 동무, 이 아주머니는 아직 갓난아기가 딸려 있으니 살려주세요. 제발 부탁입니다." 빨치산이 물었다. "어린애가 몇 살이요?", "세 살입니다."라고 답한 이장 덕분에 어머니와 삼촌은 겨우 목숨을 건졌으나 하루하루가 바늘방석이었다. 그날 밤 어머니께서는 머슴이 밀고해서 총대로 얻어맞고, 총살당할 뻔했다고 말씀하셨다. 내가 크면 그 머슴을 반드시 복수하겠다고 다짐했다.

미국 전투기의 폭격으로 읍내 정미소가 불에 탔다. 우리는 빨치산한테 쌀을 뺏겨 식량이 없어 읍내에 가서 탄 쌀을 주어 물에 담궈 숯가루를 골라낸 후 밥을 지어 먹었다. 머슴처럼 우리를 해치는 사람도 있었지만 동네 인심은 좋아, 밤이면 몰래 담 너머로 쌀자루를 던져준 친절한 이웃도 있었다. 나중에 뒷집의 광덕 씨임을 확인했으며, 훗날 그 부인이 병원에 입원했을 때 그 은혜 고마워 문병 갔던 적이 있다.

어느 날, 밤중에 이장이 몰래 쪽지를 전해왔다. 아버지께서 전주 형무소에서 빠져 나와 다시 경찰로 복직했으니 위험하므로 빨리 고향을 떠나라는 내용이었다. 새벽 여섯 시에 주먹밥을 싸들고 전 가족이 빨치산과 부딪히지 않기 위해서 도로를 피해 논두렁을 지나 동진강 뚝방 길로 걸어갔다. 온 들판이 남부여대男負女戴한 피란민들로 가득 찼다. 눈보라가 많이 휘몰아쳐 눈썹에 고드름이 대롱대롱했고, 논길이 대단히 미끄러웠다. 젖먹이 막내 동생은 어머니가 업고, 네 살배기 동생은 삼촌이 목마를 태웠으며, 일곱 살인 나는 어른 틈새에 끼어 아장아장 걸었다. 걷기보다 칭얼거린 시간이 더 많았으리라. 저녁 무렵에 겨우 이모할머니의 마을 입구에 도착했다.

빨간 완장을 차고 죽창을 든 빨치산들이 갑자기 길을 막았다. 인검이었다. 온가족들이 벌벌 떨었다. "왜 피난가느냐?", "어디로 가느냐?", "가족 중에 경찰이 있느냐?" 꼬치꼬치 물었다. 삼촌이 갑자기 "조선 인민 공화국 만세!" 여러 번 외쳐대니, 눈을 휘둥글이더니 그냥 가라고 했다. 좁은 골방에서 다섯 명이 비좁게 살았는데 나중에 외삼촌까지 끼어들어 숙식 난으로 고생이 이만저만 아니었다. 다행히 어머니께서 미싱으로 삯바느질하여 끼니를 연명했는데 식솔이 많아 턱없이 먹을 것이 부족했다. 나는 보리밭에서 보리

이삭을 주웠다. 보리 이삭에 고구마순과 섞어 죽을 만들어 온 식구가 먹었다. 식구들이 설사가 나고 몸이 퉁퉁 부었다. 밤에는 산에서 빨치산이 마을로 내려와 식량을 약탈해가고, 젊은이를 끌고 가므로 외삼촌은 이를 피해 미싱 머리를 짊어지고 논둑에서 밤샘하고 새벽이면 집으로 돌아왔다.

피란으로 가족들이 위기를 모면해서 다행이었는데 이듬해 아버지는 공비 토벌 중 전사하셨다. 아버지는 약관 이십팔 세에 전사하였으며 생전에 이루지 못한 꿈을 자손들에게 대신 실현시켰다. 우리가 살았으므로 악동 머슴도 용서해 주기로 했다. 이제는 추억담이나 회고담을 들려준 어머니와 삼촌들마저도 이미 저 세상으로 가시고 내가 집안의 어른이 되었다.

인생은 풀잎의 이슬이요, 일장춘몽이다. 보훈의 달을 맞이하니 돌아가신 아버지가 마냥 그립다.

10. 하느님 덕분

나에게는 1975년 7월 마지막 일요일은 비운의 날이자 축복받은 날이었다. 신입사원시절, 사장님의 인솔 하에 전 직원이 주일 예배(당초에는 개신교)를 빠지고 경기도 덕소로 단체 야유회를 갔다.

강둑을 따라 목적지에 갈 때 어떤 젊은이가 구명대를 어깨에 메고 가는 걸 보았다. 바다도 아닌데 웬 구명대를 갖고 갈까 궁금했다. 목적지에 도착하자마자 사장님이 전 직원에게 억지로 술을 마시게 한 후 수영을 강요했다. 수영 코스는 강둑에서 사오십 미터 정도 떨어진 강 가운데 모래섬까지 거슬러 헤엄쳐 갔다가 돌아오라고 지시했다. 모두 술이 취한 상태이므로 강에 뛰어들어 강물과 역행으로 수영한다는 것은 죽음을 자초한 모험이었다. 하지만 나도 동료와 함께 헤엄쳐 갔다.

한참 가다가 지쳐 앞의 동료가 걸어가므로 안전하리라 생각하고 수영 자세를 걸음 자세로 바꿔봤다. 아뿔사! 모래 채취로 바닥이 이 미터 정도 깊이 파헤쳐져 발이 땅에 닿지 않고, 몸이 중심을 잃었으며, 소용돌이에 휘말려 강 가운데로 떠밀려갔다. 몸이 물속으로 점점 가라앉으니 물속은 온통 흙탕물이라 앞이 보이지 않았으며, 무엇인가 붙잡으려고 더듬거렸지만 아무것도 잡히지 않았다. 당황하면 생리상 들숨과 날숨을 많이 하고 들숨을 많이 하면 강물을 많이 마신다. 흙탕물을 잔뜩 마신데다가 몸이 내 의지와 관계없이 강심의 소용돌이 블랙홀로 떠밀려 점점 지옥으로 빨려 들어갔다. 사람이 아무리 큰 소리 치지만 재앙 앞에는 무력했다. '이러다가 죽는구나!' 생각하고 최후 발악했다. "호랑이한테 물려가도 정신만 차리면 살 수 있다."는 각오로 필사적으로 솟구치면서 "사람 살려! 사람 살려!" 외쳤지만 강뚝의 동료들은 구조할 생각은 하지 않고 장난친다고 딴전만 부렸을 뿐 구조에는 아무도 관심이 없었다. 나는 생사를 헤매는데 바라만 보고만 있었으니 너무 야속했다. 어떻게든 살 수 있는 방법을 찾느라 머릿속은 복잡했다. 어느 낚시꾼이 낚싯대를 건네줬지만 조립식 낚싯대이므로 잡자마자 빠져버렸다.

> 예수님께서 "오라" 하시니 베드로가 배에서 내려 물 위로 걸어서 예수께로 가되 바람을 보고 무서워 빠져 가는지라 소리 질러 이르되 "주여 나를 구원하소서." 하니 예수님께서 즉시 손을 내밀어 그를 붙잡으시며 이르시되 "믿음이 작은 자여 왜 의심하였느냐?"(마태복음 14:29~31).

두 손을 번쩍 들고 "예수님, 저를 살려주세요, 첫 애 이름도 짓지 않았으니 살려주세요." 외쳤더니 그때 갑자기 구명대가 정확히 오른팔에 꽂혔다. '예수님 감사합니다!' 조금 전의 젊은이가 강둑에서 이삼십 미터 정도 떨어진 강심으로 던진 것이다. 예수님을 울부짖으며 오른팔로 구명대를 휘어잡고, 왼손으로는 헤엄쳐 강 언덕으로 기어서 올라왔다. 하늘이 노랗고 어지러웠으며, 살았음을 확인 후 정신을 놓아버렸다. 동료들의 인공호흡으로 흙탕물을 쏟아낸 후 한 시간 만에 정신이 돌아왔다.

정신을 차린 후 생명의 구명대를 던진 구조원을 찾았지만 보이지 않았다. MBC의 "한밤의 음악 편지"에 사람 찾는다고 알렸지만 감감소식이었다.

익사 직전에 구조원이 갑자기 나타난 점, 구명대가 강둑에서 이삼십 미터의 먼 거리인데도 투창선수처럼 정확하게 내 오른팔에 꽂힌 점, 사건 이후 구조원이 어디론가 사라진 점 등은 계획적이고 너무나 신기하여 고마울 뿐이다. 인명人命은 재천在天이라 했거늘 인간이 살겠다고 발버둥친다고 사는 것이 아니고 하느님이 알아서 살려주시는 것이다. 짧은 순간에 저승과 이승을 왕복해 봤다. 음주를 강요했던 사장님은 단 한마디 사과도 없이 고개만 숙였으니, 그 미안한 마음 오죽했을까. 구사일생으로 목숨을 건진 후 무거운 걸음으로 집으로 돌아왔다. 대문 안으로 들어서면서 어머니를 불렀을 때 나도 모르게 눈물이 주르륵 쏟아졌다. 어머니도 내 손을 붙잡고 울먹거렸다. "밖에 가서 큰 사고 있었제." 하루 종일 불안해서 안절부절 했다고 하셨다. 모자 혈육이기에 영적으로 텔레파시가 상통한 것이다. 어머니 친구인 함흥댁의 아들도 삼년 전에 그 덕소에서 익사했는데, 하느님이 도와서 우리 아들이 살아 돌아왔으니 얼마나 고맙냐며 눈물을 계속 흘리셨다.

나도 덩달아 눈물이 쏟아졌다. 일곱 살 때 외갓집 근처 황룡강에서 헤엄치다 강물에 떠내려갈 때 동네 청년 명운 씨가 간신히 구조해 줬다. 명운 씨가 살았다면 팔십대 후반일 것이다.

생명을 구해준 명운 씨와 그때 구조해 준 구조원, 두 분께 이 글을 통해서 감사의 말씀을 드린다.

신앙인은 주일에 교회를 빠지면 강물에 빠진다는 것을 깨달았으며 교회를 빠지고 향락을 즐기는 것을 하느님께서 위에서 일거수일투족 내려다보셨음에 놀랐다. 이렇게 방황했는데도 버리지 않고 기적적으로 목숨을 두 번이나 구해주신 이유는 내가 하느님께서 쓸모가 있기 때문이다. 이때의 교훈이 내가 사는 동안 많은 길잡이가 되었다. 낯선 구조원이 구조해줬으니 이 구조원은 인간이 아니고 천사임에 틀림없다는 생각이다. 아마 그는 결코 나타나지 않을 것이다. 그 은혜를 보답하는 길은 그 구조원을 찾는 것보다 어려운 이웃을 돕는 길이라 생각하고 서울역 근처 야간 학교에서 무료로 영어 교사로 자원 봉사했다.

1988년 봄에 고 마태오의 저서 「예수 없는 십자가」를 읽고 감명 받아 가톨릭교로 개종한 후 이 목숨 지켜주신 성모님 은총에 감사와 영광을 돌리며, 남은 인생 하루하루 남을 도우며, 인간답게 살아야겠다.

※ 2014. 11. 13. 가톨릭평화신문 26면

11. 오일장의 추억

 내 고장 오일장은 매월 오일, 십일이었다. 당시 읍내는 다방도 없고, 제과점도 없었으므로 데이트는 기껏해야 물방앗간이나 시냇가 뚝방이었다. 오일장은 종합 엔터테인먼트이므로 상업의 중심지, 문화의 거리, 소통의 장으로 마을마다 젊은이들의 마음이 들떠있다. 주막집을 중심으로 한판 놀이마당이 벌어진다. 원숭이를 달고 다니는 약장사, 품바타령, 야바위 게임, 장기 자랑 등으로 시골 축제를 열어 하루 종일 왁자지껄했다. 계절의 여왕 오월이 오면 총각, 처녀들은 춘색으로 몸이 근질근질하여 집안에서 붙어있을 수 없으니 오일장은 데이트의 절호의 기회였다.

주막에는 돼지고기를 연탄불 위에 걸쭉하게 올려놓고 이를 안주 삼아 사람들은 막걸리를 마신다. 한복 차림의 마담이 젓가락으로 장단을 치며 "유정천리", "목포의 눈물", "우중의 여인" 등을 구슬프게 불러대며 자기 신세타령을 한다. 주막집은 으레 막걸리 잔을 권하며 처음에는 형님, 동생 하며 점잖은 척 하다가 종국에는 "이새끼 저새끼" 하며 고성이 오간다. 마담이 돈 벌기 위해서 뚱보 앞에서 "홀쭉이는 신경질적이나 뚱보는 느끈해서 좋다."고 추켜세웠다가 홀쭉이 앞에서는 반대로 "뚱보는 행동이 느리나 홀쭉이는 실수가 없다"라고 비위를 맞춘다. 오락가락으로 추겨 세운 말이 화근이 되어 싸움판이 벌어진다. 싸웠지만 얻어먹은 술은 다음 시장 날 반드시 갚는 것이 고향 인심이다.

오일장에서 뭐니 뭐니 해도 활동사진의 인기가 최고다. 그날은 온 고을이 들썩거려 일손이 잡히지 않는다. 초등학교 운동장에 가마니를 깔고 앉아 나운규 작의 〈아리랑〉을 공짜로 구경했다. 흑백 필름이 찍찍거리거나 테이프가 간혹 끊어졌지만 불평 한마디 없다. "사랑하는 아내를 놔두고 신랑은 고향을 떠나지 않으면 안 되었던 것이었던 것이었다."라고 변사의 구성진 말솜씨에 관중은 울고, 또 웃었다. 재만이, 방수, 훈섭이는 활동사진에는 관심 없고, 영자,

넙순이, 분순 등이 어디에 앉았는지 눈을 번뜩거렸다. 재만이는 깜깜한데도 영자를 잘 찾아 그녀 뒤에 바짝 앉았다. 활동사진에서 남녀가 키스 씬이 나오자 재만이의 숨소리가 거칠어졌다. 갑자기 영자가 자기 어머니에게 말했다. "엄마 내 등 뒤에 뭔가 뜨거운 것이 닿았어.", "그래? 나하고 자리를 바꾸자." 재만이는 영자 어머니가 미웠다. 그러나 훈섭이는 난봉기가 있어 여자를 잘 다루므로 애초부터 분순이를 찍었다. 분순이의 일거수일투족에 훈섭이의 시선이 집중했다. 분순이는 어머니 없이 혼자 온 것이 다행이라며 계속 추근댔다.

동네 처녀들에게 총각들은 모두 오빠요, 동생이다. 활동사진은 밤 열한 시경에 끝났다. 달도 없는 오리 밤길을 총각들 뒤따라 더듬더듬거리며 마을로 온다. 훈섭이는 분순이를 친구들로부터 어떻게 떼어 놓을까 궁리했다. 우선 껌을 주며 말을 붙여본다. "저 연못 쪽으로 가면 처녀 귀신이 나오니 보리밭쪽으로 가자." 분순이가 대답도 하기도 전에 손을 끌고 보리밭으로 들어갔다. 훈섭이는 보리밭에 앉아 방금 보았던 〈아리랑〉 이야기로 혼을 빼가며 분순이의 앞가슴을 더듬었다. 분순이는 반항하며 외쳤다. "엄마에게 이를 거야." 그 이튿날 분순의 아버지는 어떤 놈들이 우리 보리밭을 다 망쳐놨다고 투덜댔다. 그 후 훈섭이는 군에 입대했다. 분순이는 훈섭에게 면회를 갔다. 면회 신청서에 인적 사항을 쓰고 관계란을 비워 두었다. 보초병이 〈관계란〉을 쓰지 않으면 면회를 허락하지 않겠다고 겁을 줬다. 별 수 없이 분순이는 〈관계란〉에 '보삼여사'라고 적었다. 보초병이 이것이 무슨 뜻이냐고 물었다. "이 뜻을 모르다니? 보리밭에서 세 번, 여관에서 네 번이라고요." 주막도, 변사도, 보리밭 남녀주인공은 전설에 묻힌 채 알 길이 없고 보리밭은 사라진 지 오래다.

세월 따라 인간도 시장도 변했기에 고향에 가도 반겨주는 이 없고 추억만 아롱거린다. 호텔에서 나이프로 먹는 스테이크보다 장작불에 눈물 씻으며 먹었던 국밥이 더 맛있었다. 지금은 국밥집도 젓가락 장단 여인도 보이지 않지만 그 시장 근처에 가면 어머니께서 사주신 국밥이 그리워 가슴이 처연해진다. 제발 쪽머리 튼 어머니를 환시로라도 봤으면 좋겠다.

※ 등장 인물은 모두 가명임

12. 선상의 제비 모정

정이월 다 가고 삼월이라네/ 강남갔던 제비가 돌아오면/ 이땅에도 봄이 온다네…. 지난 사월에 속초에 갔다가 서울에서는 볼 수 없는 제비를 봤다. 옛날 애인을 만난 것처럼 반가웠다. 제비는 인간과 친숙한 익조이자 모성애, 부성애가 강한 조류이다. 그러나 많은 병충해 농약으로 제비가 점점 사라지는 점은 가슴 아픈 일이다.

나는 2007년 6월 2일, 중국 단동에서 열리는 마라톤의 두 번째 참석을 위해 일만 톤급 한중페리호로 인천 연안 부두를 떠나 여섯 시간 만에 단동에 도착했다. 배에 승선하자마자 답답해서 맨 위층에 올라갔다. 선미 쪽은 검정 차양막이 설치돼 있고 「접근금지, 소음금지」라는 표시판이 있었다. 처마에 제비 둥지가 있고 그 둥지 안에 새끼 네 마리가 속삭이며 웅크리고 있었다. 제비들은 "인간들이 우리를 구경거리로 보겠지만 우리는 죽느냐 사느냐의 심각한 문제로 골머리를 앓는다."라고 말하고 있는 것 같았다. 하루하루가 외롭고 불안한 삶의 연속이었다.

배가 인천 연안 부두를 떠날 때 엄마 제비, 아빠 제비는 마지막으로 먹이를 새끼들에게 주고 둥지를 떠나면 새끼들만 둥지를 지킨다. 여섯 식구가 살기엔 둥지가 좁기 때문에 엄마 제비, 아빠 제비는 함께 가지 못하고 인천에 남는다. 엄마 제비가 새끼들에게 배는 엔진소리도 크고, 탑승객의 소음도 요란하니 둥지 안에서 죽은 듯이 조용히 있으라고 당부한 것 같았다.

상암동 하늘 공원은 편백나무 시범단지가 있어 피톤치드의 향기를 맡으려고 많은 마라톤 선수들이 야간훈련을 원하지만 경비원이 오후 7시 이후에는 출입을 허용하지 않는다. 이유인즉 동물들도 밤이면 자야 한다는 것이다. 여기에서도 제비 새끼들이 엄마 아빠 없이 살고 있으려니 불안하므로 탑승객들에게 안면방해하지 말라고 선장이 「소음금지」를 표시해 놨다. 제비 둥지가 관광 명소가 되었다. 부리에 노란 티가 가시지 않는 어린 새끼 네 마리가 서로 몸을 맞대고 웅크리고 있었다. 배가 단동에 갔다가 인천에 돌아오면 하루가 걸리므로 새끼들은 하루를 굶는다. 선장이 파리를 잡아 핀셋으로 집어 새끼들에게 줘봤지만 거부했다고 한다. 엄마, 아빠는 믿지만 굶는 한이 있더라도 인간은 믿지 못하겠다는 뜻일 것이다. 선장은 탑승객들의 시선을 피해주고 또 새끼들이 행여나 바닥에 떨어지는 것을 막기 위해 검정 차양막을 설치해줬다.

단동에서 마라톤을 마치고 우연히 그 배를 타고 오전 9시경 인천 연안 부두에 도착했다. 뱃고동을 울리며 부두에 접근하니 밤새껏 전깃줄에서 기다리던 엄마 제비, 아빠 제비는 재빨리 선상의 둥지로 날아왔다. 모자 상봉의 기쁜 조잘거림에 배 안이 떠들썩했다. "얘들아 간밤에 잘 잤니?", "엄마, 배고파서 혼났어.", "엄마 보고파서 잠이 안 왔어.", 무섭고 배고픈 사연을 주고받은 대화였으리라. 제비 식구들은 이별과 상봉을 거듭하며 자랐다. 다 자라서 강남으로 가면 친척들에게 우리는 한국에 가서 호텔 같은 배 안에서 잤다고 자랑하지 않겠는가.

어렸을 때 제비를 관찰한 적이 있다. 제비는 사람의 손이 닿지 않고, 또한 뱀이 접근하지 못한 지점에 둥지를 짓는다. 진흙을 부리로 물어와 추녀 밑에 붙여서 열심히 둥지를 지으면 열흘이면 완성된다. 보통 새끼를 4~5마리 부화시키는데, 금실 좋은 엄마 제비, 아빠 제비는 통상 삼십 분 만에 잠자리 등 벌레를 교대로 물어다주며 한 마리에게만 집중적으로 주지 않고 골고루 나눠준다. 엄마, 아빠 제비는 먹이를 준 후 새끼들의 배설물을 물고 밖에 나가서 버린다. 새끼들은 둥지 안에서 배설하지 않고 반드시 둥지 밖으로 궁둥이를 내놓고 한다. 서리가 오는 가을에 엄마 제비, 아빠 제비는 갓 자란 새끼들을 불러 빨랫줄에 나란히 앉혀놓고 주인에게 고별인사로 한참동안 마당을 선회한 후 강남으로 떠난다.

손바닥 안에 들어갈 정도로 작은 체구인데 겨우 잠자리 몇 마리 먹고 강남, 즉 인도네시아나 필리핀에서 바다 건너 수만 리를 날아 한국에 오는 힘은 어디에서 나올까. 적도 지역도 벌레 먹이가 풍부한데 봄이면 우리나라를 포함 북반구로 어째서 날아올까. 작년의 옛집을 찾으니 참으로 영특하다. 시멘트도 아니고 겨우 진흙으로 지은 둥지에서 제비 여섯 식구가 사는 데도 어떻게 무너지지 않고 견고할까. 인간이 만든 와우 아파트, 삼풍백화점, 성수대교는 무너졌지만 제비 둥지가 무너졌다는 소식을 들은 적 없다. 제비는 삼강오륜을 모르는데 끔찍한 가족 사랑을 어디에서 배웠을까.

어른 제비는 새끼 제비가 어른이 될 때까지 하루에 약 삼백 회 이상 출동하며 오만 마리 벌레를 물어다 주며, 새끼의 배설물을 주둥이로 뽑아주기도 한다고 한다.

생후 일 개월 된 딸을 가방에 넣어 숨지게 한 혐의로 고등학교 여교사를 입건했다는 분노가 표출하는 뉴스가 방금 흘러나왔다.

13. 흉탄 맞은 아버지

아버지는 일본 해군에서 복무하다가 해방이 되자 경찰에 투신하셨다. 당시 공비들이 고창군 고수지서支署 건물을 불태웠다. 아버지는 고창경찰서 사찰계(지금의 형사계)에 근무하는 행정 요원인데도 공비를 소탕하는 특공대장으로 임명돼 토벌에 참전하셨다. 전날 밤 꽃가마를 타고 장가가는 꿈을 꿔 동료 경찰관들이 흉몽이므로 참전하지 말라고 만류했는데도 책임감에 거역할 수 없었던 것 같다. 전쟁의 화마가 휩쓸던 1951년 3월 21일 심야에 아버지는 문수사 근처 공비들의 본거지를 급습해 소탕 작전 중 적의 흉탄이 옆구리를 관통, 약관 28세에 전사하셨다. 싸늘한 밤하늘을 보며 마지막 숨을 거두실 때 어떤 유언을 남기셨을까.

다음 날 아침 7시쯤 어머니는 경찰서에서 빨리 오라는 전갈을 받았다. 나는 겨우 여덟 살로 아무 영문도 모른 채 어머니 손에 이끌려 허겁지겁 따라갔다. 영안실 관에 아버지가 누워 있었다. 전투복과 모자 등이 관 옆에 놓여 있었고, 아버지는 허리에 붕대가 감겨 있었으며, 눈을 감고 있어 마치 잠자는 듯 보였다. 어머니는 "이 사람이 네 아빠다."라며 내 손을 당겨 아버지의 얼굴을 만지게 한 후 땅에 털썩 주저앉더니 통곡하셨다. 나도 울음을 쏟아냈다. 고창군장葬으로 장례를 치른 후 고창읍에서 얼마 떨어진 선산으로 갔다. 온 마을 주민들이 구름처럼 모여 울음바다를 이뤘다. 교꾼들이 꽃상여를 메고 슬픈 어랑 소리를 외치며 선산으로 향했다. 아버지는 꿈에 보았던 꽃가마가 아닌 꽃상여를 타고 가족을 남겨 둔 채 하늘나라로 가신 것이다. 아버지의 애국적인 요절로 우리 가정의 평화는 무너지고, 가세는 기울어 갔다.

그해 봄, 나는 초등학교에 입학했다. 아침밥을 먹고 매일 아버지 산소를 둘러본 후 학교에 가곤 했다. 어머니는 불과 30대에 미망인이 되었지만 야속한 삶을 원망하지 않고 오직 삼 남매를 건사하기 위해서 눈물도 한숨도 모두 잊고 꿋꿋

하게 살아왔다. 우리는 비록 가난했으나 어머니의 따뜻한 품속에서 당당하게 살았다. 나는 지금 아버지보다 두 배 반 이상이나 살아 미안하지만, 국가를 위해 목숨을 바친 아버지가 자랑스럽다. 돌아가신 지 36년 만인 1987년 4월 30일 국립대전현충원으로 이장했다. 1994년 11월 23일엔 어머니마저 별세하셔서 아버지 곁에 합장해 드렸다. 전쟁기념관에서 아버지 이름을 검색해 봤더니 '고광열 1924. 4. 5. 출생, 1951. 3. 21. 고창에서 전사'라고만 기록되어 있어 아버지의 공적 등을 확인하기 위해 관계기관을 5년 동안 뒤졌지만, 공적 기록이 전혀 없었다. 당시 아버지의 친구인 고창 경우회 전 회장 안〇〇 씨를 겨우 찾았다. 아버지에 대한 공적 사항과 무용담을 자세히 듣고 인우 보증서를 작성한 후 공증하여 경찰청에 제출했으나, 단지 구전口傳일 뿐, 객관적 사료史料가 아니라는 이유로 현재까지 공적을 인정받지 못하고 있다.

후손들은 유지를 받들어 워싱턴에서, 파리에서 알찬 열매를 맺어가며 대신 한을 풀고 있다. 미국으로 이민 간 여동생이 8년 전에 일시 귀국해 아버지가 전사하신 장소를 찾았다. 국화 열 송이를 헌화한 후 묵념을 올렸다. 허공을 향해 아버지를 부르면서 아버지가 가르쳐준 '특공대' 노래를 목청껏 불러 봤단다. 별을 따다가 아버지 영전에 바치면 그리움이 가실까. 피로 쓴 사부헌시 '아버지 정녕 가신 건가요.'가 국가보훈처에서 입상되어 국립서울현충원 충혼당에 영구 전시돼 한을 새겨놓았다.

※ 문화일보 2020. 3. 13.자 〈6·25 때 공비 급습 작전 중 흉탄 맞은 아버지…. 28세에 전사〉, 고광열(1924~1951) 씀

14. 종잇장 같은 술잔

가을 추수철이 되면 논둑에 앉아 농주를 마시던 시골 정취가 눈앞에 다가선다. 막걸리는 탁주濁酒 또는 농주農酒라고도 말한다. 이장님은 시골 오일장 주막에서 사돈과 탁주를 마셨고, 박정희 대통령은 논둑에서 노인들과 농주를 마셨다.

밀주는 감독기관인 세무 서원의 감시를 피해 몰래 담근 술인데, 지금 생각하면 밀주 자체는 세원을 방해한 위법이므로 잘못이었다. 농사 때 쓰기 위해서 삼촌은 감시를 피해 헛간에 구덩이를 파서 항아리를 묻었다. 그 속에 술 재료를 넣고 그 항아리 위에 땔감나무를 덮어놓은 후 일 주일 정도 지나면 술이 발효된다. 그때는 술 냄새가 온 부엌을 진동했다. 세무 서원이 이 수법을 모를 리 없으나 알고도 그냥 모른 채 속아주는 것이다. 어머니가 항아리 뚜껑을 열어 봤더니 그 속에서 실뱀이 헤엄치고 있었다. 어머니는 깜짝 놀라 술을 버리자고 제안하셨다. 그러나 할머니께서는 막상 내일이 모내기 날인데 술을 버리면 주막에 가서 사올 수도 없으므로 뱀도 약이 된다며 시음을 하신 후 그냥 모르는 척하기로 했다. 뱀은 술에 취해 자기 세상인 양 술독에서 헤엄치며 밖으로 나올 생각을 하지 않아 꺼내는 데 애를 먹었다. 이 뱀이 이태백을 만났다면 무슨 시를 주고받았을까.

어머니는 큰 광주리에 새참을 머리에 이고 몸의 중심을 잡아 논둑을 넘어지지도 않고 잘도 가셨다. 나는 술 주전자를 들고 어머니 뒤를 따라갔다. 논둑이 미끄러워 넘어질까 봐 조심스럽게 걸으려니 발바닥이 근질근질했다. 어머니는 일꾼들에게 뱀 얘기를 하지 말라고 줄곧 당부하셨다. 이태백은 '술잔 속에 달빛이 있다'고 읊었지만 막걸리는 걸쭉하여 술잔 속에는 달빛이 보이지 않았다. 막걸리 한잔에 일꾼들은 흥겨워서 육자배기와 어깨춤과 웃음이 절로 나오는데 뱀 사연을 터트리고 싶어 입술이 근질근질했다.

옛날 왕이 수라상을 기다리는데 하인이 수란水卵을 쟁반에 들고 오다가 땅바닥에 떨어트렸다. 하인은 수란에 묻은 흙을 혀로 핥은 후 수라상에 올렸다. 왕이 이 사실을 보고 하인에게 물었다. "너는 어떤 음식이 제일 맛있느냐?" "요리 과정을 보지 않고 자셨을 때 제일 맛있습니다." 왕이 탄복하고 상을 하사했다. 도둑질한 떡이 더 맛있듯이 뱀이 빠진 술이 더욱 맛있을 것이다.

뱀은 다른 동물과 달라 술과 음악을 즐기는 동물이다. 섬마을의 초등학교에 선생님 단 한 명이 발령 났다. 섬 전체에 공무원이라고는 그 선생님뿐이었으므로 섬 주민에게는 그 선생님은 판사요, 군수요, 경찰 서장이었다. 이웃 간에 분쟁이 있으면 판사로, 심지어 산모의 해산 시에는 해산의 조언도 부탁하는 등 인기 만점의 해결사였다. 어느 부잣집에 뱀이 닭을 잡아먹으니 뱀을 잡아달라고 신고가 왔다. 그 교사는 뱀을 잡을 문제로 고민하다가 묘안을 생각해냈다. 대나무밭에서 뱀 구멍을 찾아 구멍 양옆에 면도날을 꽂고 그 구멍에 막걸리를 부은 후 부채질을 했더니 뱀이 신나게 기어 나오다가 배가 두 갈래로 갈라져서 죽었다. 성묘 때 음복

후 묘 언저리에 술을 부으면 뱀이 나타날 수 있다. 인도에서 코브라 뱀이 조련사의 피리소리에 맞춰 트위스트 춤을 춘다. 뱀은 술을 좋아하고, 소리에 민감하다.

내가 아는 허O 신부는 말술의 애주가였다. 밤새껏 술을 마시다가 새벽 미사 직전에 사제관에 돌아오는 경우가 비일비재했다. 그러나 새벽 미사 강론은 늦지 않아 다행이었다. 김수환 추기경이 이 사실을 알고 허 신부를 호출했다. 허 신부는 추기경에게 호통을 맞을 걸 각오하고 잔뜩 겁을 먹고 추기경의 방에 들어갔다. 그러나 혼날 줄 알았는데 의외로 추기경은 편제도 없는 해괴망측한 감투를 주셨다. 가톨릭 알코올 사목센터 소장이란 직명이었다. 허 신부는 이 직에 발령 받은 후 금주하고 알코올 연구에 전념했다고 한다.

옛 선비들은 왕이 절주하도록 무척 신경 썼다. 오성 선비는 폭음하므로 선조는 은잔을 하사하면서 하루에 다섯 잔만 마시라고 어명을 내렸다. 그 은잔이 깍쟁이처럼 작아 대장간에서 최대로 늘렸더니 그 은잔이 종잇장만큼 얇아 잔이 찢어질까 봐 벌벌 떨었다. 조선시대 의주 거상巨商 임상옥(1779~1855)은 최인호의 소설 『상도商道』의 주인공으로 계영배를 늘 옆에 두고 과욕을 다스리면서 큰돈을 벌었다고 했다.

계영배戒盈杯는 사이펀의 원리를 이용한 것으로 잔속에 관을 넣어 술을 관의 높이보다 높게 채우면 관 속과 술의 압력이 같아져 수압 차에 의해 술이 흘러나오는 잔을 말한다. 계영배는 곧 과음을 경계하려고 만든 잔으로 절주배節酒杯라고도 말하며 인간의 끝없는 욕심을 경계해야 한다는 상징적인 의미도 있다.

취중에 진담이 나온다는 말이 있다 이는 술을 마시면 판단력이 흐리게 되고 용기가 생기므로 평소에 참았던 한을 표출할 수 있기 때문이다.

그러나 술에는 사랑과 포용력, 그리고 용서가 있어 역사적으로 난제를 술로써 해결한 예가 많다. 시비와 질투와 음해가 난무하는 세상사를 술 마시는 기분으로 사랑하고 용서해주며 살았으면 좋겠다.

15. 손등에 뜨거운 눈물

　인간은 사회적 동물로 특이하게 언어를 사용한다. 웅변이나 달변은 청중을 감동시키는 한편 독설은 상처를 입히는 경우가 있으며 말을 함부로 해서 변명하느라 애쓰는 예가 가끔 있다. 말보다 침묵이 오히려 큰 힘을 발휘하는 사례가 있다.

　어느 문중의 장손이 말썽을 일으켜 이를 해결하기 위해 문중 회의를 열었다. 장손을 공회당 중앙에 앉혀놓고 모든 어른들이 장손의 비행을 폭로 또는 질책을 해대니, 장손은 고개를 숙이고 있어 마치 인민재판과 같았다. 당숙과 삼촌

등이 스님께 "큰 형님에게 한 말씀 해주시지요." 부탁했지만 스님은 장손의 얼굴만 응시했을 뿐 한마디 말이 없었다.

문중 회의는 폭로만 가득했고 결론을 내지 못했다. 여섯 시가 되자 스님이 "이제 절에 가봐야겠다."며 자리를 떴다, 그때 장손이 스님의 신발 끈을 매어줬다. 스님이 신발을 잡는 순간 손등에 뜨거운 눈물방울이 떨어졌다. 그 장손이 스님의 손등에 눈물을 떨어뜨린 것이며, 이 눈물은 반성의 응결물로 스님은 장손에게 꾸중 한마디 하지 않고 나쁜 버릇을 침묵으로 고쳐줬다. 침묵이 말보다 위대하다.

흔히 여자는 어렸을 때는 아버지의 말을 듣고, 시집가서는 남편의 말을 듣고, 늙어서는 아들의 말을 듣는다고 전해온다. 나는 어머니께서 늙으셨어도 오히려 어머니 말을 들으며 살았다. 어머니께서는 시대를 잘못 만나 삼십일 세에 전쟁으로 남편과 사별한 후 장남인 나를 남편처럼 의지하며 살았다. 아들이 아무리 잘해준들 남편만 못했으리라. 어머니는 젊었을 때부터 잔병치레가 많아 병원 출입이 잦았다. 그래서 외식할 때나 나들이 할 때는 어머니 위주로 식단 계획을 짰다. 한복을 곱게 차려 입고 성당에 가실 때는 꽃고무신을, 겨울에 찬바람이 몰아치면 털신을 신겨드렸다.

어머니는 병원 생활을 사 개월 하신 후 완쾌하지 못하고 끝내 이승을 떠나셨다. 마지막이란 생각이 들어 별도의 간병인 없이 장남인 내가 간병했다. 이십사 시간 옆에서 대기했다. 식사 후 "재덕아." 부르시면 즉시 약을 드렸다. 약을 드린 후 또 "재덕아." 부르시면 즉시 물을 드렸다. 물을 드신 후 "재덕아." 부르시면 어머니를 부축하여 화장실로 안내했다. 어머니는 환자이시기에 굳이 말이 필요 없었고 아들인 나는 눈빛만 보고 어머니의 마음과 통했다. 참 효도란 묻지 않고 받드는 것인데 쉽지 않았다.

등소평은 비서에게 단지 " X 비서, 그것 가져오너라." 명령하면 비서는 묻지 않고 등소평이 원하는 고속도로 계획서를 가져왔고, 또 K 비서에게 "그것 가져오라." 명령하면 비서는 역시 묻지 않고 등소평이 원하는 식량 계획서를 가져왔으니 실로 이심전심이 통하는 충직한 분신들이 아닌가.

1898년에 미국과 스페인이 전쟁 당시 미국은 쿠바(당시 쿠바는 스페인의 속국)의 산악지대에서 활동하고 있는 게릴라(Guerrilla) 지도자인 가르지아 장군에게 공격명령인 밀서密書를 긴급히 전달할 필요가 있었다. 어떻게 연락을 취할까 고심 있던 중 어떤 참모가 윌리암 매킨리 25대 대통령에게 건의를 했다. "로원 중위를 보내면 틀림없이 가르시아 장군에게 밀서를 전달할 수 있으니 명령만 내려 주십시오." 로원 중위는 밀서를 품에 안고, 가르지아 장군의 거처와 교통편도 묻지 않고 바다를 건너 산악지대의 밀림을 헤쳐 악전고투 끝에 약속한 날짜에 무사히 도착하여 가르지아 장군에게 밀서를 전달했다. 그 밀서대로 게릴라군이 스페인군을 공격하여 미국을 승리로 이끌었다.

이 승리는 로원 중위의 오직 사명감으로 묻지도 않고 자발적으로 최선을 다해 임무를 완성한 공덕이다. 미국이 세계 일등국이 된 것은 미국 국민에게 로원 중위의 정신이 있기 때문일 것이다.

우리나라도 이유를 대지 않고 오로지 사명감을 갖고 최선을 다하는 로원 중위 같은 자발적 책임자가 많아져야 강대국이 될 수 있을 것이다.

16. 뱀을 머리에 이다

　요즘 전 지구촌이 코로나 저승사자로 인해 공포에 떨고 있으니 대공 방어망인 사드(Thaad)인들 소용없으며 오로지 택배 사업만 성황 중이고, 비대면 대화 정책으로 집단모임이 규제되니 사는 것이 재미가 없다. 이런 비대면 생활을 오래 유지하니 유년시절 때 추억이 아련히 생각난다.

　유년 시절 여름방학 때만 되면 외가에 가곤 했다. 외가 마을은 황룡강 상류로, 마을 앞과 뒤로 강이 흐르고 북쪽엔 편백나무 숲으로 둘러싸인 축령산이 있는데, 그 기슭에 외갓집이 있었다. 과제물을 잔뜩 짊어지고 가지만, 책은 던져

두고 산으로 강으로 신나게 뛰어다니다 보면 운동도 되고 배울 것도 더 많았으니 온천지가 자연 학습장이었다. 흥분과 기쁨의 나날이었으며, 지금도 외가의 친구가 고향 친구보다 많다. 외가 식구들 특히 외할머니는 먹을 것도 주고, 요구 조건도 잘 들어주시며 항상 내편이셨다. 산에 가면 개똥참외, 머루, 다래, 산딸기 등 먹거리가 지천에 널려 있다.

외가 뒷산은 육칠십 도 정도의 경사가 있어 눈이 오면 미끄럼 타기 좋고, 평상시에는 나무로 차를 만들어 정상에서 운전하며 마을 고샅까지 신바람 나게 내려왔다. 외삼촌에게 나무차를 만들어 달라고 부탁했더니 학교 숙제 때문에 시간이 없다고 거절했다. 나는 헛간에서 톱과 망치 등 연장을 챙겨 나무를 썰었다. 톱질을 하다가 톱이 나무에 박혀 나오지 않아 실랑이를 하다가 톱날로 이마를 찍어 피를 많이 흘렸으며, 외할머니는 이마에 된장을 발라줬다. 불과 일곱 살 때의 열정은 지금도 잊을 수 없다. 이 톱질 사건으로 외삼촌은 외할머니한테 야단맞았으니 나는 외삼촌에게 미안했다.

여름 어느 날, 나는 배가 고파 간식거리를 달라고 외할머니에게 칭얼댔다. 외할머니는 대청마루 시렁 위의 광주리를 내리기로 했다. 외할머니는 등소평처럼 키가 작았다. 말을 엎어놓고 그 위에 올라가 광주리를 내리려했으나 무거워서 내리질 못해 내가 부축하여 겨우 마루에 내려놨다.

아뿔사! 이게 웬일인가. 광주리의 홍시 위에 구렁이가 똬리를 틀고 있었다. 나는 겁이 나서 마당으로 도망갔다. 외할머니는 대청 뒷문을 열어놓고 명반과 머리카락을 태우며, "업주님, 업주님, 조용히 대밭으로 가세요." 말하시면서 손을 계속 비셨다. 드디어 구렁이는 몸을 이리저리 구부리며 대밭으로 사라졌다. 구렁이는 집을 지키는 업주이므로 헤쳐서는 안 된다고 외할머니께서 설명하셨다. 외할머니는 행주로 홍시를 닦은 후 깨끗하니 먹으라고 주셨지만 차마 먹을 수 없었다.

여름방학이 끝나자 나는 외할머니를 따라 고창 우리 집으로 갔다. 장성 백양사역에서 출발, 정읍 입암역까지 가는 짧은 거리였다. 입암역에서 나는 무사히 기차에서 먼저 내렸지만 외할머니는 승객에 밀러 발판에서 발이 홈에 닿지 못했다. 기차는 출발하려고 서서히 떠나려 했다. 아찔해서 등에 식은땀이 났다. "재덕아, 나 붙잡아라." 외쳤지만 중학교 일학년 체력으로 역부족했다. "아저씨, 우리 할머니 좀

안아 주세요." 어렵게 내린 후 외할머니 손잡고 솔밭 길을 따라 우리 집에 왔다. "나의 살던 고향은 꽃피는 산골, 봉숭아꽃 살구꽃, 아기 진달래…." 나는 동요를 흥얼거리며 걸었다. 외할머니는 구렁이 사건과 기차 입암역 사건은 어머니에게 이야기하지 말라고 당부하셨다.

이듬해 중학교 이학년 여름방학 때도 또 외가에 갔다. 외할머니는 백양사에 가자고 말씀하셨다. 외할머니는 쌀자루를 머리에 이고 나와 함께 이십 리 산길을 걸어서 백양사에 갔다. 하늘에서 내려쬐는 태양열과 길바닥에서 솟는 복사열 때문에 윗옷 단추를 풀고 땀범벅이가 된 채 헐떡거리는 모양새가 마치 팔려가는 당나귀 같은 진풍경이었다. 외할머니께서 업고 가자고 말했으나, 사양했다. 비자나무 숲길을 지나 백양사 일주문에 겨우 도착했다. 아버지께서 젊었을 때 이 백양사를 다녀간 사진을 본 적이 있다. 외할머니는 대웅전에서 부처님께 예불을 드리고 주지 스님께 나를 소개하셨으며, 외할머니는 주지 스님과 구면인 것 같았다.

그런데 주지 스님이 뜻밖의 말을 하셔서 나는 깜짝 놀랐다. "저놈은 이십을 넘기가 어려우니 수명을 연장하려면 백양사에 팔아야 한다."는 것이다. 외할머니께서도 많은 충격을 받았을 것 같았다. 바쁜 농번기인데도 매월 초사흘 날과 보름날에는 백양사를 찾아 불공을 드렸다. 외손자가 이십을 못 넘기고 죽으면 더욱 가슴 아팠을 것이므로 불공을 드리기로 결단을 내린 것이다. 어린 외손자를 잘되게 하려는 정성이 대단하셨다. 외할아버지는 무뚝뚝한 성격인데도 외할머니가 외할아버지에게 한 번도 반항하신 걸 보지 못했다. 외할머니께서는 불교에 대한 지식은 모르지만 죽어서 극락세계로 갈려면 절을 열심히 다녀야 한다고 말씀하셨다.

여름밤 모깃불 피워놓고 외할머니는 "저 별은 재덕이 별, 저별은 내 별." 하셨으니 지금쯤 하늘나라에서 별이 되어 나를 보시리라. 특히 외할머니께서는 이승에서 남을 많이 도와주셨으므로 지금쯤 극락세계에 충분히 가셨으리라. 외할머니한테 어리광 부릴 때가 엊그제 같은데 이제 내 나이 외할머니 나이를 훨씬 넘었으니 죽기 전에 외할머니처럼 선행을 해야겠다. 가재 잡던 철길 계곡, 횃불 들고 가물치 잡던 친암보, 머루와 다래 따먹던 뒷산은 여전한데 외할아버지, 외할머니는 보이지 않으니 인생은 일장춘몽이요, 풀잎의 이슬 같다.

언젠가 나도 외할머니의 길을 따라 가리라. 오늘날 내가 행복한 것은 외할머니의 기도 덕분이라 믿고 감사드리며,

외할머니의 명복을 빌어본다. 올 한식날에는 외할머니 산소를 꼭 찾아뵈어야겠다.

17. 흉몽

 아버지는 일본 해군에서 복무를 마치고 해방이 되자 경찰에 투신하셨다. 당시 공비들이 고창군 고수지서 건물을 불태웠다. 아버지는 고창 경찰서 행정 요원인데도 공비를 소탕하는 특공대장으로 임명되어 토벌에 참전하셨다. 전날 밤 꽃가마를 타고 장가가는 꿈을 꾸어 동료 경찰관들이 흉몽이므로 참전하지 말라고 만류했는데도 책임상 거역할 수 없었던 것 같다.

 1951년 3월 21일 심야(2시 20분). 아버지는 공비 소탕작전 중 적의 흉탄이 옆구리를 관통, 약관 이십팔 세에 전사하셨다. 아침 일곱 시경 어머니는 경찰서에서 빨리 오라는 전갈을 받았다. 나는 겨우 여덟 살로 아무 영문도 모른 채 어머니의 손에 이끌려 허겁지겁 따라갔다. 지하실에 갔더니 관이 다섯 개가 가지런히 놓여 있었는데, 첫째 관에 아버지가 누워있었다. 전투복과 모자 등이 관 옆에 놓여 있고 아버지의 허리에 붕대가 감겨 있었으며, 눈이 감겨 마치 잠자는 듯 보였다.

어머니는 "이 사람이 네 아빠다." 말하고 내 손을 당겨 아버지의 얼굴을 만지게 한 후 땅에 털썩 주저앉더니 통곡하셨다. 나도 덩달아 울음이 쏟아졌다. 고창군장高敞郡葬으로 장례를 치른 후 고창읍에서 십 리 정도 떨어진 선산 제하리로 갔다. 온 마을 주민들이 구름처럼 모여 울음바다를 이뤘다. 상여꾼들이 꽃상여를 메고 어랑 소리를 슬프게 외치며 선산으로 향했다. 아버지는 꿈에 보았던 꽃가마가 아닌 꽃상여를 타고 가족을 남겨 둔 채 하늘나라로 가신 것이다. 꽃상여가 가신 팔백 미터 길을 나는 자비를 털어서라도 아팝나무 꽃길로 장차 단장해야겠다.

아버지의 갑작스런 요절로 우리 가정은 반세기 이상 행복이 무너지고, 가세가 기울었다. 그해 봄에 나는 초등학교에 입학했다. 매일 아버지 산소를 둘러본 후 학교에 가곤했다. 이슬비가 추적추적 내리는 어느 날 아침, 멀리서 아버지 산소를 보니 무덤 위에 하얀 광목이 덮여 있어 무서워 그만 돌아왔다. 어머니는 더 이상 산소에 가지 말라고 당부하셨다.

어머니는 불과 삼십일 세로 미망인이 되었지만 야속한 삶을 원망하지 않고 오직 삼남매를 건사하기 위해서 악착같이 살아왔고 비록 우리 삼남매는 편모슬하에서 어머니의 따뜻한 품속에서 흙수저 신세로 간당간당하게 살면서도 좌절하지 않고 굳건하게 살았다. 나는 지금 아버지보다 두 배 반 이상이나 살아 미안하지만, 국가를 위해 일찍 목숨을 바친 아버지가 자랑스럽다.

어렸을 때 아버지의 시신을 확인했으나 KBS방송에서 이산가족 찾기 운동 때 행여나 살아 계실까 찾아보았지만 헛일이었다. 1987년 4월 30일에 대전국립현충원으로 이장시켜드렸으며, 1994년 11월 23일에 어머니마저 별세하시어 아버지 곁에 합장해드렸다.

전쟁기념관에서 아버지 성함을 검색하면 "고광열 1924.

17. 흉몽

4. 5. 출생, 1951. 3. 21. 고창에서 전사."라고 간단한 답만 나와 아버지의 전공 등을 찾기 위해서 전북일보, 국가보훈처, 경찰청, 국사편찬위원회 등을 8년 동안 뒤졌지만 공적 기록이 전연 없었다. 당시 아버지의 친구인 고창 경우회 전 회장 안○○ 씨를 겨우 찾았다. 아버지에 대한 공적 사항과 무용담을 자세히 들은 후 인우 보증서를 작성 후 공증하여 경찰청에 제출했으나 단지 구전口傳일 뿐, 객관적 사료史料가 아니므로 공적을 인정할 수 없다고 거절당했다. 방탄복만 입었다면, 옆구리에 총알이 관통하지 않았을 텐데…. 다섯 발의 총상을 맞은 오○○ 귀순 병사를 살리신 이○○ 박사가 당시 있었다면 아버지의 한 발의 총상 정도는 간단히 살렸을 것이다.

아버지께서는 뜻을 이루지 못하고 전사로 보상 받을 수 없으나, 후손들은 아버지의 유지를 받들었으며 특히 영특한 아버지의 혈통을 이어받았으니 각 분야에서 성공하는 것만이 보상받는 길이라고 자손들에게 훈도하며 혼을 심어주었다. 그러한 가정교육 결과 동생은 워싱턴에서, 딸은 파리에서 성공하여 아버지의 한을 조금이나마 풀어 드렸으니 위안이 된 듯하다. 미국으로 이민 간 여동생이 십 년 전에 일시 귀국하여 전사하신 문수사 계곡을 찾았다. 흰 국화 열 송이를 헌화한 후 묵념을 올렸으며 허공을 향해 아버지를 부른 후 아버지가 가르쳐준 '특공대' 노래를 목청껏 불렀다고 한다. 별을 따다가 아버지 영전에 바치면 그리움이 가실까. 못 다한 말을 피로 쓴 사부 헌시 "아버지 정녕 가신 건가요"가 국가보훈처에서 심사에 운 좋게 통과되어 2017년 1월 23일에 국립서울현충원에 전시되어 한을 새겨놓았다.

아버지께선 정녕 가신 건가요

오랫동안 소쩍새가 그토록 애타게 울어댔는데도

오시지 않는 아버지

아버지께선 정녕 가신 건가요

세월이 갈수록 낙엽처럼 쌓이는 서러움

국토가 서럽게 두 동강 났는데

아버지마저도 적탄으로 산화한 이 아픔이여

정의로움과 재치와 인자함이 눈에 선합니다

조국을 위하여

자유를 위하여

무장공비 소탕하다가 고귀한 목숨을 초연히 바친 아버지
사랑스런 아내와 자식을 놔두고 어떻게 눈을 감으셨나요

이승에서 민들레씨처럼 어린 삼남매 남기고
저승길로 떠난 후 별 되어 비추시기에
오늘도 우린 아버지를 그리워하며
허공 향해 아버지를 또 불러봅니다
아버지! 아버지! 아버지!

18. 안아보지 못한 불효

논에서 김매는 삼복 혹서기 때는 할머니 생각이 난다. 할머니께서는 일꾼 수보다 많은 콩밥을 짓고, 갈치를 노릿노릿하게 구워 논둑에서 지나가는 동네 사람들에게도 밥을 대접하셨다. 할머니는 낫 놓고 기역 자도 모르지만 마음씨만은 공자 같았으며, 지혜로워 대학을 나온 손자들을 깜짝깜짝 놀라게 할 때가 많았다. "지혜로운 사람이란 환경의 지배를 받는 사람이 아니라 환경을 지배하는 사람을 의미한다."는 소크라테스의 금언이 생각났다. 얼굴 모습은 후덕하게 생기시어 누가 보아도 돈 있게 보여 마을 사람들에게는 부잣집 마님으로 통했다. 할머니는 장손인 나를 특별히 더 사랑해주셨다. 부엌에서 뚝배기에 홍어의 애를 보글보글 끓여 막내 삼촌은 챙기지 않으시고 손자인 나만 불러서 내 입에 떠 넣어 주셨다.

겨울 어느 날 아침에 마당과 골목을 싸리비로 쓸었더니 손이 시려 호호 불었다. 쇠죽을 쑤고 있는 할머니께서 가슴을 만지라고 말씀하셨다. 얼었던 손이 녹았다. 아침이면 집에 바구니 장사, 옷 장사, 거지 등이 북적거려 마치 시장터 같았다. 어느 땐가 나의 아침밥을 이들에게 줘서 학교에 굶고 간 적도 있다. 당시 시골에는 어린이들에게 말라리아 병이 유행되어 환자가 날로 늘어났는데 병원이나 약국이 없어 엄두도 못 내고 민방으로 적당하게 해결했다. 할머니는 밥주발에다 쌀을 가득 넣고 마포수건으로 감싼 후 주술을 외우며 이마를 문지르셨는데 그러면 신기하게도 병이 나았다. 이 주술로 병균이 살균될 리 없지만 할머니의 정성을 믿는 일종의 플라세보 효과(Placebo effect)*로 병이 낫는 경우도 종종 있었다.

---

* 플라세보 효과(Pplacebo effect): 심리학/의학 용어로, 위약(僞藥, 가짜약) 효과로 실제 아무 효과가 없는 것을 맹신에 의해 효과를 본다는 것으로, 일종의 자기 충족적 증상이다.

종조할아버지는 분가한 지 삼십여 년이 지났는데도 자기 밭에서 일하시고 점심때가 되면 우리 집에서 점심을 자시곤 했다. 그럴 때마다 할머니는 불평 한마디 없이 상을 차려놓고 밭에 나가셨다. 아무리 동기간 시동생이지만 파렴치한 식사 요구에도 할머니는 아무런 내색 하지 않고 따뜻하게 대접해드렸으니 시동생은 그 고마움을 아실까? 며느리가 네 명 있었지만 질책하시는 걸 본 적이 없다. 우리 자손들은 할머니의 이런 자선과 덕성을 배우며 자랐다.

프랑스의 피에르 신부님은 "삶이란 사랑하는 방법을 배우기 위해 주어진 얼마간의 자유 시간"이라 말했으며, 김형석 교수는 "사랑하는 사람이 사랑받은 사람보다 더 행복하다."고 말했다.

시골 아가씨를 데려와 보조원으로 가게에서 일을 시켰는데 도벽이 심했다. 어느 날 문칸방의 신혼 새댁이 결혼반지를 잃었다고 고심에 빠졌다. 새댁은 손버릇이 있는 도우미가 그 반지를 훔쳤으리라고 의심하며 할머니께 상의했다. 그러나 할머니는 도둑은 집안에 있지, 그 아이가 훔치지 않았다고 단호히 거절하셨다. 훗날 전당포에서 새댁의 남편이 저당 잡힌 결혼반지를 찾아가라고 통지가 와 그 누명을 벗었다. 할머니의 선견지명에 감탄했으며, 하마터면 보조원에게 망신을 당할 것인데 면해서 감사했다고 한다.

경기도 금곡 할머니 산소에 고향 선산의 할아버지를 모셔와 합장했다. 할아버지 묘를 개장하여 육탈한 유골을 수습, 대나무 상자 안에 창호지를 깔고 뼈를 나란히 놓은 후 금곡으로 이송했다. 통상적으로 망자는 집 안에 들어놓지 않으므로 여관방에 임시로 모셨다. 비는 주룩주룩 오는데 남정네들은 밤늦도록 술탕에 빠져 숙모님 혼자 빈방을 지켰다. 망자의 상자 뚜껑이 열릴 것 같아 시선이 자꾸 이끌려 밤새껏 땀이 등줄기를 흠뻑 젖었다고 했다. 이튿날 할머니의 묘를 개장 후 합장 작업을 했다. 팔십육 년의 세월이 어제 같은데 따뜻한 할머니의 가슴과 홍어 애를 끓여 주시던 부드러운 손의 살은 사라지고 앙상한 뼈만 남았으니 할머니의 그리움에 새삼 가슴이 저민다. 인간의 부귀영화는 일장춘몽이요 초로인생草露人生이다.

그리움과 허탈감이 교차되어 내 몸은 얼얼하여 돌처럼 굳어졌다. 그토록 따뜻했던 할머니였건만 그 뼈가 무서워 내 품에 안아보지 못하고 흙을 덮었으니 무심한 나의 불효가 비굴하게 느껴졌다. 할머니의 뼈는 지렁이와 땅강아지들의 놀이터가 되었으며, 만물의 영장인 인간 즉, 할머니

뼈가 미물의 희생물이 되었으니 자연의 윤회는 거역할 수 없다는 사실에 인간의 존재가 무력하고 초라하게 보였다. 인간은 자연을 지배하고 자연은 인간을 지배한다. 조부모님의 시신은 틀림없는 나의 미래이니 먼 훗날 내가 사라진 후 내 손자도 내 뼈 위에서 노니는 벌레를 보게 되지 않겠느냐.

19. 임종臨終을 못 지킨 불효

시월에 미국의 생질녀가 한국에 온다니 돌아가신 외할머니인 어머니가 살아계셨다면 얼마나 반가워하실까? 시대를 잘못 만나 이십대에 남편을 나라에 바친 우리 어머니, 청상과부의 고독을 달래준답시고 시어머니가 며느리에게 담배를 가르쳐 준 것이 천식의 화근이 될 줄이야…. 젊은 미망인이 흉년과 보릿고개의 잔혹기에 친자식 양육과 시삼촌 교육까지 떠맡았으니 억척이셨다. 생활전사이면서 천식과 잔병으로 투병했지만 고통과 시련을 숙명적으로 받아들였을 뿐 어른을 원망하거나 눈물을 보인 적이 없다. 홍두깨만한 가는 허리와 사십오 킬로 정도의 작은 체구지만 어디에서인지 무서운 힘이 솟아났다. 뙤약볕에 오십 리 정읍 시장을 걸어서 오갔던 강단은 가냘픈 여인이 아니라 황소처럼 억척스러웠다. 얼굴은 비록 가무잡잡하지만 언제나 인자한 미소와 강인한 집념으로 동네 사람들의 믿음과 존경을 받았다.

우리 부부 신혼 때 어머니께서 시골에서 상경하시면, 단칸방에서 함께 잠을 잤다. 밤에는 쇠기침으로 콜록콜록하시느라 잠을 못 이루는데도 나만 꿀잠을 자니 조금 미안했다. 피곤하여 아침마다 늦잠을 잤는데, 어머니는 새벽잠이 없어 다섯 시경에 일어나 "회사에서 무슨 일 하느냐?", "점심은 주느냐?" 등 꼬치꼬치 물었다. "어머니 잠이 깬 이후 물어도 되잖아요."라고 따지고 싶었지만 어머니의 마음이 아플까 봐 그럴 때마다 일어나서 대답하고는 다시 잠을 잤다. 동생이 건강 상태를 물으면 항상 "괜찮다."라고 답하고선 나한테는 아픈 곳을 일일이 하소연하셨으니 큰아들이 더 허물없는 것 같았다.

어느 여름 날, 어머니는 차가운 곳에서 잠을 잔 탓으로 입모습이 왼편으로 쏠리는 안면마비증상이 나타났다. 주사도 맞고 약도 먹었지만 효과가 별로 없었다. 경로당에서 비방을 알려줬다. 손가락 두 개 두께의 미꾸라지를 입이 돌아간 반대편 얼굴에 붙이고 장남이 부채질을 하면 정상으로 돌아온다는 것이다. 남대문시장, 영등포시장, 중부시장. 청량리시장을 뒤지다가 경동시장에서 큰 미꾸라지를 겨우 찾았다. 비방대로 어머니의 얼굴에 미꾸라지를 붙이고 삼일 동안 정성을 드렸더니 신기하게 입이 정상으로 돌아왔다.

훗날 미국의 여동생도 어머니와 같은 증상이 나타났으나 이 방법으로 완치했다. 생질녀는 그의 어머니인 여동생이 아파서 우는 것이 아니고 훗날 자기도 안면마비증상으로 아플까 두려워 울었다니 위로가 아니라 너무나 이기적이었다. 어머니는 중대 용산 병원에 입원과 퇴원을 자주했다. 여동생이 미국에 이민 갔으니 형제간이 교대로 간병을 하기로 약속했다. 그러나 동생은 고객 접대 핑계로 노상 빠졌다. 어머니는 죽음을 예감했는지 미국의 딸과 친척들의 안부를 묻곤 했다. 유독 나를 옆에 붙잡아두고는 짜증을 더욱 부리셨다. 한 번도 후덕한 몸집을 가져보지 못했던 가녀린 몸매, 굴신조차 힘들어 간신히 몰아쉬는 가쁜 숨소리는 살아 있음을 느끼게 해주는 유일한 생명 소리였다. 우리 삼남매들이 억세게 빨아댔던 젖가슴은 애처롭게 축 늘어졌다.

아침마다 어머니의 동공을 확인하고 누운 상태에서 허리

에 손바닥을 넣어 봤다. 손이 들어가지 않으면 위험하다고 했다. 주치의가 어머니 척추에 약물을 주입했는데도 반응이 없으니 이삼일을 버티기가 어렵다며 장례 준비를 하라고 당부했다. 톨스토이의 금언이 떠올랐다. "죽음은 조만간 닥칠 것이기 때문에 인간은 죽음을 준비해야 한다." 일주일간 혼자 간병하느라 잠을 설쳤더니 몸이 붕붕 떠있는 것 같이 피곤하여 어쩔 수 없이 간병인을 두기로 했다.

밤 열한 시경 간병인에게 어머니를 부탁하고 집에 가서 옷을 입은 채 토막잠을 잤다. 잠 수렁에 빠진 지 겨우 세 시간 지났을까. 잠결에 무엇인가 깨지는 소리에 놀라 잠을 깼다. 냉장고 위에 놓인 양주병이 응접실 바닥에 떨어졌다. '쥐도 없고 건물도 흔들리지 않았는데 바닥에 왜 떨어졌을까?' 깨진 이유를 곰곰이 생각하며, 빗자루로 깨진 양주병을 쓸고 있는 순간 불길한 예감이 들었다. 그 때 전화벨이 울렸다. 손이 수화기에 닿는 거리가 십 리처럼 멀게 느껴졌다. '아, 하늘이 무너졌구나!'
"방금 어머니께서 운명하셨습니다."

1994년 동짓달 스무사흘 날, 저승사자는 혼자 있는 어머니를 무자비하게 데려갔다. "이놈아, 내가 이승을 떠나는데

너는 집에서 잠이 오느냐?" 뺨을 얻어맞은 기분이었다. 숨은 멎었지만 핏줄이 그리워 혼백으로나마 이 못난 자식 방에 왔다 가신 것 같다. 인간은 영물이기에 어머니의 궤적에 놀랍고 가슴이 떨렸다. 어머니를 향해 큰절을 두 번 올리고 아내와 함께 급히 병원으로 차를 몰았다. 유언 한마디 없이 어머니는 눈을 감았으며 몸은 이미 싸늘했다.

"어머니, 불과 몇 시간 잠을 참지 못하고 임종臨終을 지키지 못한 이 불효자식을 용서하십시오." 한 아름도 안 된 어머니 시신을 부둥켜안고 울음을 쏟아냈다. 눈물이 뼛속까지 스며들었다. 우렁이처럼 삼남매만 남기고 빈 껍데기가 되어 동동동 하늘나라로 떠나가셨다. 맏상제로서 사망진단서 챙기랴 조문객 대접하랴 눈물 나올 겨를이 없었다. 수의는 어머니가 손수 준비했고, 장지도 대전국립현충원의 아버지 곁에 합장하게 되어 걱정을 덜어줬다. 뜨거우니 불가마 속은 가지 않겠다고 어머니께서 부탁했지만 현충원 규정상 어쩔 수 없으므로 다소 죄송했다. 어제 어머니의 숨결을 들었건만 하루 사이에 흰 가루가 되어 아버지 곁에 묻혔으니, 인생은 속절없는 일장춘몽이요 풀잎의 이슬과 같았다.

허탈감을 안고 그래도 살겠다고 점심을 먹는 모습이 염

치없으나, 어머니를 묻어 두고 무심하게 서울에 왔다. 어머니와 비록 육신은 헤어졌어도 영혼과는 상통相通했다. 어머니의 영혼이 하늘나라에 올라가 우리 자손들을 내려다보며 수호천사처럼 보호해주실 것이라 생각하니 그런대로 하루가 편안했다. 깜깜한 밤하늘에 초승달이 걸려 있다.

20. 놓아자 가정도우미

요즘 코로나19 전염으로 온 세상이 공포에 떨고 있다. 우리나라는 '신천지 교회에서 코로나 병균이 발원했다' 해서 모두가 야단법석이지만 정작 신천지 교회는 교세 확장에만 급급할 뿐 코로나 대책에는 무관심했다. 하지만 일반 교회가 우리 사회에 도덕성 정립과 질서 유지에 많이 기여한 공은 인정해야 한다. 교회가 사랑과 자비와 용서를 부르짖지만 실제로 이를 실천하지 못한 교회도 간혹 있다.

나는 현재 천주교에 다니기 전인 1988년까지는 한국기독교장로교의 본산인 '서울성남교회'에 다녔다. 이 교회의 J장로는 성품이 따뜻하고 정의로워 교인들에게 많은 감동을 주어 인기가 대단했다. 당시 J장로는 경기도 홍보실장이었고, 사모님인 C권사는 반포초등학교 교장 선생님이었다. J장로님의 가정은 누구나 다복하다고 부러워했다. 그러나 속사정은 그렇지 않았다. J장로 내외는 슬하에 이남 일녀가 있으나 장남인 A는 안타깝게도 정신 장애인이었다.

J장로는 수원에 이방자 여사가 설립한 정립학원에 장남을 입학시켰다. 정신 장애자인 아들은 대여섯 살 정도의 지능수준으로 낯선 손님만 보면 웃기만 하고 심지어 뺨을 때려 J장로 부부의 입장을 난처하게 만든 적이 많았다.

불완전한 자식을 인형극처럼 평생 동안 조정하려니 부모의 심정이 어떠했을까. J장로는 아들을 탓하거나 원망하지 않았으며 자신이 평소에 죄를 졌기에 그 벌로 장애인 자식을 출생했으리라고 생각하고 평생 반성하며 장애인인 아들에게 미안함을 갖고 살았다. 고무풍선의 한편을 누르면 다른 편이 부풀어지듯 장애인 아들이 눌려있으니 다른 가족이 영광스럽다며 오히려 장애인 아들을 복덩이라고 아꼈다. 부부가 공직자들이므로 가정에는 항상 도우미가 필요했다.

J장로는 도우미로 반드시 농아자를 구했으며, 전 가족이 수화를 익혀 농아자 도우미와 의사를 소통하게 했다. 수화는 눈치가 빨라야 하며 인내가 요구된다. 화재 등 급한 상황이 발생할 경우 최단 시간에 의사를 전달하기란 쉽지 않다. 수화를 체험함으로써 그 고통을 분담하기 위해 일부러 농아자를 택한 것이다. 농아자가 성년이 되면 출가시키고 다시 농아자를 구했다. 이렇듯 세 명이나 농아자를 길러 시집보냈으니 도우미에게는 양부모요, 친정아버지, 어머니로써 친부모처럼 역할을 다하셨으니 J장로 부부는 예수님의 사랑을 몸소 실천한 성자와 같았다.

그 후 J장로는 김포군수로 발령났다. 도로변 주차 관리인을 모두 장애인으로 교체했더니 부정이 없다고 했다. 당시 새마을운동본부에서 국풍이란 미명 아래 등촌동 본부에서 야시장을 개장하자, 사무총장인 전경환의 등살에 못 이겨 전국의 지자체장들이 충성심 경쟁을 했지만 J장로는 농번기라 바쁘다는 이유로 사무총장의 요청을 단호히 거절했다. 권력 앞에 아첨은 오래가지 못한다고 주장하는 대쪽 같은 성품이었다.

어느 날 여름, 폭우가 쏟아져 경기도에서 김포군 내 피해

상황을 삼일 이내에 보고하라는 전언통신문이 내려 왔다. 그러나 담당 공무원은 피해 현장에 답사하지 않고 날마다 사무실에서 빈둥거렸다. J장로는 화가 나서 담당 공무원을 군수실로 불렀다. "내일이 도에 보고 마지막 날인데 김 주사는 피해 현장에 왜 가보지 않는가?" "군수님께서는 군수직이 처음이라 잘 모르시겠지만 폭우가 백오십 미리 정도 쏟아지면 논 피해가 백삼십 정보, 밭 피해가 백칠십 정보, 가옥 파손이 육십 채, 가볼 필요 없이 뻔합니다." 변사처럼 달달달 답을 쏟아냈다가 혼쭐났다.

공무원은 영어로 Public(or Civil) Servant, 즉 공적인 하인이란 의미인데 하인이 어찌 상전의 농지가 폭우 피해를 입었는데도 실사 없이 책상 행정으로 마무리 한단 말인가. 살신성인의 자세로 임하는 공무원도 있지만 무사 안일주의 공무원도 있기에 농민은 괴롭다. J장로는 김포군수 취임 일년 후 나는 김포군으로부터 초대받았다.

일선 군의 수장으로서 애로사항을 들었는데 국가관과 정의로움, 통솔력에 감탄했다. 이년 후에는 타지로 발령난다고 했다. 나는 J장로가 김포군수이므로 김포-포천해서 말어미가 이어가므로 무심결에 다음에 포천군수로 갈 것이라

520. 놓아자 가정도우미

고 말했는데 공교롭게도 이년 후 조 장로는 포천군수로 발령났다.

  미국 삼십이 대 루즈벨트 대통령은 한창 정치 활동을 왕성하게 하던 삼십구 세 때 갑자기 소아마비로 보행이 곤란하여 다리에 쇠붙이를 고정시키고 휠체어를 타고 다녔다. 절망에 빠진 남편이 방에서만 지내는 것을 지켜보던 아내 엘리너 루스벨트는 비가 그치고 맑게 개인 날, 남편의 휠체어를 밀며 정원으로 산책했다. "비가 온 뒤에는 반드시 이렇게 맑은 날이 옵니다. 당신도 마찬가지예요! 뜻하지 않은 병으로 다리는 불편해졌지만…. 그렇다고 당신 자신이 달라진 건 하나도 없어요! 우리 조금만 더 힘을 냅시다." 아내의 말에 남편이 대답했다. "하지만 나는 영원한 불구자요! 그래도 나를 사랑하겠소?", "아니 여보! 그럼 내가 지금까지 당신의 두 다리만을 사랑했나요?" 아내의 재치와 아량의 말에 남편은 용기를 얻었다. 아내의 이 한마디가 루스벨트의 운명을 바꿔놓았다. 아내의 사랑과 격려로 남편을 다시 일으켜 세웠고, 훗날 미국 대통령이 되었으며, 미국 역사상 전무후무한 4선 대통령이 되어 경제 대공황으로 절망에 빠진 미국을 구출해냈다

아내 엘리너 루스벨트는 열 살 때 고아가 되어 한 끼 식사를 위해 혹독한 노동을 했으며, 돈을 "땀과 눈물의 종잇조각"이라고 불렀다, 남들이 갖지 못한 엘리너의 자산이라면 낙관적 인생관으로 어떤 절망적인 상황에서도 비관적인 언어를 사용하지 않았다. 신은 이 가정에 장애자를 줌으로써 행복의 고귀함을 알게 하셨다.

이 세상에서 백 프로 행복한 사람은 단 한 사람도 없다. 다만 행복은 상대적인 인식일 뿐 불행을 불행하다고 믿으면 더 불행하다.

21. 천장을 뜯어봐

요즘 코로나19로 마스크를 쓰고 다니므로 지인들도 모르고 지나가는 수가 가끔 있다. 이럴수록 상대방의 얼굴 특색을 익혀 놓으면 실수를 하지 않을 수 있다. 우리 성당에 '짝귀'란 별명을 가진 교우가 있는데 신체적 특색이 있어 마스크를 써도 곧잘 알아본다. 그 교우는 등산광인데 겨울에 혼자 설악산에 등산 갔단다. 빙벽 바위를 올라가다가 실족하여 삼 미터 아래로 떨어졌다. 서너 바퀴를 뒹굴어서 떨어진 후 정신을 차려 보니 오른쪽 귀가 달아났다. 목도리로 머리를 동여매어 지혈을 시켰다. 떨어진 귀를 찾기 위해 바위를 다시 기어 올라갔다. 떨어진 귀도 주인을 그리워했으리라.

중간쯤 바위 틈새에서 귀를 찾았다. 급히 하산하여 구멍가게에서 얼음을 구해 귀를 냉동시킨 후 택시를 대절하여 서울로 마구 달렸다. 생사가 달린 문제이므로 운전기사는 정상 속도로 달리다 순간순간 속도를 위반하면서까지 총알같이 달렸다. 다행히 운전기사의 사촌 형이 서울 강남에서 정형외과를 운영하고 있어 그곳으로 직행하여 접합 수술을 무사히 마쳤다. 비록 5미리 정도로 위로 올려 접합했지만 수술은 대성공이다. 그 후로 모두가 그를 '짝귀'라고 놀려댔다. 일촉즉발의 위기를 무사히 넘겼으니 천만다행이다. 적에게 대검으로 얼굴이 찢겨지자, 그 피해 전우는 마취제 없이 바늘로 자기 얼굴을 손수 꿰매는 장면을 전쟁 영화에서 본 적이 있는데 이 독기와 같았다. 하마터면 화가 반 고흐처럼 오른쪽 귀가 날아갈 신세가 될 뻔했다. 호랑이한테 물려도 정신만 차리면 산다했던가. 떨어진 귀를 빨리 찾은 점, 정형외과 의사를 잘 아는 운전기사를 빨리 만난 점, 사전 통보 없이 서울에 여섯 시 반경에 도착했는데도 당시 핸드폰도 없는 시대에 의사가 퇴근하지 않는 점 등은 하늘이 도와준 행운이다.

내가 종합무역상사인「율산실업」에 근무하던 시절, 어느 날 출근하니, 복도에 수백 명의 율산건설 직원들이 웅성거리며 "신선호, 신선호"를 연호했다. 나는 '회장에 대한 항의

데모가 또 일어났구나' 생각하고 숨을 죽이며 군중 틈새로 빠져나가 사무실로 들어갔다. 그러나 그건 착각일 뿐, 율산 건설 직원이 리야드 공사 현장에서 작업 도중 왼쪽 팔이 잘리자 현장소장이 즉시 신 회장에게 국제 전화로 보고했더니 신 회장이 "비행기를 전세 내서라도 즉시 영국에 가서 접합수술을 하라."고 명령했다. 당사자와 동료들이 고마워서 환호하는 희귀한 시위였으니 이런 함성은 여러 번 할수록 고용인과 피고용인이 즐겁다. 접합 수술에 성공한 직원은 신 회장이 생명의 은인이므로 회장에게 죽도록 충성할 것이다. 요즘 아파트 경비 직원들이 주민들의 갑질로 멸시를 당하다가 죽음을 맞이하는 판국에 부하 직원의 생명을 구해줬으니 천사처럼 고마운 일이 아닌가. 다른 경영자들이 본받아야겠다.

어느 포크레인 운전기사는 공사 도중에 사고로 왼팔이 잘려서 장애인이 되었다. 그 기술자는 사고 난 지 팔 년 만에 파킨스 병으로 사망했다. 장례 절차를 마치고 입관 직전에 그의 아내는 큰아들에게 안방의 '천장을 뜯어봐.'라고 지시했다. 천장을 뜯었더니 마포 주머니에 보관했던 고인의 왼팔이 떨어졌다. 아내는 그 팔목을 가슴에 안고 긴 한숨을 내쉬더니 관속의 남편 시신 왼편에 팔을 부친 후 관 뚜껑을 덮었다. 아내의 뜨겁던 애정은 남편의 팔을 그냥 놔두지 않았다. 팔년 전에 그의 아내는 아무도 모르게 남편의 왼팔을 옥상에서 명태처럼 땡볕에 말린 후 벌레의 접근을 막기 위해 마포 주머니에 넣어 천장에 보관해뒀던 것이다. 마지막 남편이 떠날 때 관에 합장했다. 팔은 주인을 그리워 동행하길 원하지 않겠느냐. 하늘이 무너져 눈물이 범벅이 된 경황 없는 순간에 어찌 천장 속의 남편의 팔을 생각해낼 수 있을까. 남편이 저승에 갈 때 아내와 헤어지기 싫어 혼백이나마 팔이 있는 천장에서 아래 방에 누워있는 아내를 잠시 내려다보며 머뭇거렸으리라. 만약 아내가 먼저 세상을 떠났더라면 천장 속의 비밀은 영원히 묻혔으리라.

귀 잃은 자는 자기를 사랑했고, 율산실업 신 회장은 부하를 사랑했고, 포크레인 기사 아내는 남편을 사랑했다. 사랑은 빈 수레처럼 요란한 것이 아니라 말없이 상대방의 뼛속까지 어루만져주는 것이 아니겠는가. 톨스토이는 "사람은 사랑하기 위해 태어났다."라고 말했는데 우리 인간은 다른 사람을 사랑할 때 세상 모든 존재가 하나가 된다고 하니, 진지한 스승은 삶에서 가장 중요한 것이 '사랑하는 일'이라고 가르치는 사람이 아닐까. 뼛속까지 스며드는 사랑은 누구나 꿈꾸고 바라는 것이 아닐까

22. 군홧발로 안방을

인류 문명사는 인간이 인간을 죽이는 살육사이다. 철저한 파괴와 약탈 및 살인으로 점철되어 수도 없는 상처를 남긴 사건의 연속이다. 인류는 서로에게 많은 악행을 저질러왔다. 철저하게 상대를 짓밟으면서 지금까지 역사가 흘러온 것이다.

1347년에 시칠리섬에서 흑사병(Black Death, Yersinia Pestis)이 최초로 발병하여 53년 동안 유럽 인구 7,500만 명 중 1/3인 2,500만 명을 휩쓸었고, 세계 인구 1억 명이 희생한 인류사상 최대의 대참사이다. 14세기 유럽 열강국들은 아프리카에서 흑인 사냥에 혈안이 돼있었다.

인간이 인간을 팔고 사는 잔혹성에 신이 저주하여 흑사병으로 인류를 몰락시켰는지도 모른다. 공교롭게도 유럽 국가들이 흑인(Black man)을 괴롭히므로 신이 흑사병(Black Death)으로 심판한 점은 결코 우연이 아니며 깊은 뜻이 있는 것 같다.

세계 1차 대전은 1914년에 발발, 4년 동안 8,466,000명이 사망했고, 세계 2차 대전은 1939년 개전, 6년 동안 1천 1백 2십육만여 명이 희생되었다. 한동안 세계대전은 없어 인구소멸은 없었는데 작년에 발생한 코로나19란 세계적인 재앙으로 4월 30일 기준 세계 확진자 수는 3,191,827명에, 사망자는 227,535명이다. 지구에 인구가 폭발적으로 증가하자 신은 세계 3차 대전에 해당하는 코로나19를 전파시켜 인구수를 솎아 내겠다는 속셈이 아닐까. 인류는 하루 빨리 잘못을 반성해야겠다. 코로나19의 지옥길에서 발버둥치자 군관민이 일사분란하게 협심하여 난국을 벗어나기 위해서 노력하니 희망이 보인다. 그러나 남녘에서 전염병으로 온통 북새통인데 북에서는 미사일로 훼방을 저지르고 있으니 어찌한 핏줄인가. 이와 유사한 어리석은 행패가 문득 생각난다.

전남 장성의 외갓집 누나는 숟갈을 멀리 잡고 밥을 먹더니 과연 멀리 정읍의 서○○ 씨한테 시집갔다. 서○○ 씨는 정읍군 소성면에서 정미소를 운영하셨다. 당시 절구통이나 물레방아로 정미했는데 정미소는 이들보다 정미하는데 시간이 절약되고 편리했다. 정미소는 비단 정미뿐만 아니라 동네 사람들의 평화스런 만남의 장소로 이용되기도 했다.

어느 날, 그 정미소에 육십 대 노인이 벼 다섯 가마니를 싣고 와서 정미를 부탁했다. 서 사장은 정미기가 돌고 있는 동안 위험하므로 쌀겨를 담기 위해서 피댓줄 밑에 들어가지 말라고 그 노인에게 주의를 주었다. 그러나 그런 주의를 무시하고 노인은 피댓줄 밑에 들어가서 쌀겨를 담다가 피댓줄로 머리를 긁혀 찢어졌다. 서 사장은 그 노인을 즉시 정읍병원에 입원시켰다. 만약 허락 없이 다른 병원에서 치료하다가 병을 키워가지고 오면 치료비를 책임지지 않겠다고 설명했다. 하지만 그 노인은 예상했듯이 병원에서 몰래 빠져나와 사위가 복무하는 부근 연대의 의무실에서 치료를 받았다.

군 의무실 정도야 겨우 위생병이 머큐롬(머큐로크롬) 정도로 치료했으므로 당연히 병을 더욱 키웠다. 그 노인은 환부가 악화하자 예상대로 당초 입원했던 병원에 찾아왔더니 의사가 치료를 거부하므로 서 사장한테 재입원을 부탁했다. 서 사장은 당초의 약속과 다르므로 재입원을 거부했다. 그 노인은 잔뜩 화가 나서 사위인 한○○ 소령에게 일러 바쳤다. 한 소령은 부근 연대의 작전 과장이었다.

한 소령은 집에 와서 서 사장을 찾았으나 마침 서 사장은 부재중이었다. 한 소령은 목에 힘줄이 불쑥 솟아 고래고래 소리를 지르며 권총을 천정에 대고 쏘는 시늉을 하며 누나에게 겁을 줬다. 군화를 신은 채 마루와 안방을 들락거리며 "서○○ 이 새끼 빨리 나와, 우리 장인어른을 왜 재입원 시켜주지 않는 거야." 삼일 동안 공포에 시달리다 못해 누나는 착잡한 심정으로 서울에 있는 나를 찾아와서 호소했다. 눈가에 자글자글한 주름이 있는 아버지 같은 서 사장을 한 소령이 협박했지만 얄팍한 쌀 정미 비용으로 치료비를 지불해줄 수 없었다. 당시 전두환 정권 시대였으므로 보안사의 위력이 하늘을 찔렀다.

나의 고등학교 동창 변○○ 중령이 보안사 전북 지부장이었으므로, 억울하니 도와 달라는 편지를 누나 편을 통해 서 동창에게 보냈다. 즉시 보안사의 중사가 한 소령을 닦달

했다. 장인이 민간인인데 보안 검열도 받지 않고 어떻게 군 의무실에서 치료를 받았느냐며 오지게 혼난 것 같았다. 누나가 들에 갔다 5시 반경에 집에 왔다. 군화를 신은 채 마루 위에서 겁을 줬던 한 소령이 이제는 꼬리를 내리고 군화를 벗고 마룻바닥에 꿇어 앉아 서 사장님께 용서를 구한다는 것이다. 누나는 "한 소령님이 왜 우리 남편한테 용서를 구한다는 것입니까? 우리는 시골 촌놈이라 높은 사람이라고는 아무도 몰라요, 착각했으니 다른 곳으로 가보세요.", "아닙니다. 제가 서 사장님한테만 행패를 부렸으며, 용서해준다는 사인을 받아오지 않으면 저는 영창에 갑니다." 지겹게 물고 늘어진 탓으로 용서해줬으므로 한 소령은 영창에 가지 않았다. 그러나 대기 발령 났다는 소식을 들었다.

부지깽이도 빽이 있다. 누구나 한 번쯤은 이런 세상의 쓴잔을 맛본 경험이 있을 것이다. 그러나 이런 쓴잔을 준 자도 언젠가는 쓴잔을 마실지 모르니 겸손해야 할 이유가 있지 않는가.

23. 보리사리

 내 고향 시골의 유월은 몸이 나른하여 장난기가 발동하는 달이다. 중학교 일학년 때 하굣길로 기억한다. 종달새는 공중에서 지저귀고 들녘에서는 자운영 꽃향기가 그윽했다. 종달새는 자운영 밭 둥지에서 수직으로 올라가고 십 미터 상공의 한 곳에서 황조롱이처럼 꼬리를 흔들며 공중에서 정지 상태로 지상을 주시한다. 이처럼 종달새가 수직으로 날아오르는 것과 한 지점에서 정지한 이유가 아직도 궁금하다. 친구 정병표가 자운영 밭에서 닭싸움을 하자고 제안했다. 자운영은 폭신한 이불 같아 넘어져도 아프지 않았다. 그 친구가 나보다 체격이 크므로 나는 닭싸움에서 항상 졌다. 닭싸움 후 허기가 저서 보리사리를 하기로 결정했다.

우리 동네 보리밭을 택하지 않고 뒷마을의 것을 택했다. 마른 솔가지 위에 탱탱하게 익은 보리 이삭을 대여섯 개 올려놓고 성냥불을 붙이자 연기가 모락모락 올라가기 시작했다. 갑자기 뒷마을에서 아줌마가 자신의 키보다 긴 간짓대를 들고 "도둑놈 잡아라."를 외치며 쫓아왔다. 우리들은 불에 그슬린 보리를 먹지도 못한 채 발로 불을 끄고 가방을 챙겨들고 우리 마을로 재빨리 뛰었다. 우리 마을에는 두 개의 고샅길이 있으며, 첫 번째 고샅길이 우리 집이고 두 번째 고샅길이 친구 집 쪽이다. 우리 동네에 오면 그 아줌마가 더 이상 쫓아오지 않을 줄 알았다. 친구에게 따라가지 않고 우리 집 쪽인 가까운 첫째 고샅길로 쫓아왔다.

나는 집에 도착 즉시 그 아줌마가 어느 집으로 가는가 보기 위해서 웃옷을 벗고 감나무 위로 올라갔다. 아줌마는 "도둑놈 나와라." 외치며 우리 집 쪽 고샅길에서 왔다 갔다 했다. 감나무의 노란 쐐기한테 쏘여서 가슴이 따가웠다. 통증으로 견딜 수 없어 감나무에서 내려왔다. 그때 어머니가 들에서 돌아오셨다. 뒷마을 아줌마가 긴 대를 들고 따지는 것을 보고 화가 나신 것 같았다. 어머니는 그 아줌마에게 항의했다. "자식을 키우면서 밭에서 혼내 줬으면 됐지, 얼굴에 검댕이가 묻지 않는 걸 보니 보리를 먹지 않는 것 같은데, 우리 동네에까지 쫓아와서 망신을 주다니 너무 한 것 아니요?" 어머니가 보리 이삭을 몇 개 뽑아 보리사리했느냐며 물으셨다. 세 개 뽑았다고 대답했더니 부지깽이로 종아리를 세 대 때렸다. 뒷마을 아줌마도 미안했는지 가슴에서 마른 누룽지를 꺼내 나에게 줬다.

그날은 수난의 날이었다. 감나무 위에서 쐐기도 쏘였지, 어머니한테 종아리도 맞았지, 뒷동네 아줌마가 돌아간 후 어머니는 쐐기 쏜 가슴에다 된장을 발라주면서 마음 아파했다. 나는 아프지 않는 척했다. 그 이튿날 수업 중에 내 짝꿍이 된장 냄새가 난다고 선생님에게 일러 바쳤다. 보리밭을 가꾸느라 주인이 애썼는데 우리들은 남의 보리를 도둑질했으니 잘못했음을 깨달았다. 남의 보리사리하다가 곤욕을 치렀으니 다시는 하지 않기로 다짐했다.

24. 물동이에 돌멩이를

초등학교 육학년 때, 살구가 나는 초여름 즈음으로 기억한다. 내 고향은 전북 고창 시골이다. 집에서 오 리쯤 떨어진 흥덕초등학교에 걸어서 다녔다. 그 날도 수업을 마치고 먼지가 뿌연 비포장도로를 지나 강폭이 양재천 같이 겨우 이십 미터 되는 정도 좁은 냇가를 건너야 했다. 그 때 중학교 일학년 여학생인 B고모와 O고모와 함께 갔다. 이 다리는 소나무 서너 개 정도를 칡넝쿨로 엮어 약하게 만들었기 때문에 뛰어가면 흔들렸으며, 홍수 때마다 나무다리가 시냇물에 떠내려가서 멀리 시멘트 다리로 돌아서 학교에 가곤했다.

여학생들은 장난기가 있어 다리 한가운데 나를 세워 두고 B고모와 O고모가 양쪽에서 다리를 마구 흔들어댔고 B고모가 나를 밀쳤다.

나는 버티다가 중심을 잃고 시냇물로 떨어졌다. 장마철이므로 물이 허리까지 찼으며 물살이 빨랐다. 겁에 질려 다리 교각을 손으로 붙잡았으나 물살에 밀려 떠내려갔다. 다리 교각을 붙잡고 나가려고 발버둥 쳤을 때 O고모가 가방 끈을 내려줘서 붙잡고 겨우 기어 올라왔다. O고모는 어디 다친 데는 없느냐고 위로해 줬다. 그런데 B고모는 모른 척하며 멀리 마을 쪽으로 사라졌다. 냇가에서 기어나와 물에 젖은 옷을 털고 추워서 벌벌 떨면서 집으로 왔다.
"아이들아, 너희는 장난으로 돌을 던지지만 우리 개구리에게는 사느냐 죽느냐 문제야." 이솝우화가 생각났다.

집에 도착하니 할머니와 어머니가 왜 옷이 젖었냐고 물었다. 나는 억울했으나 참으려 했지만 나도 모르게 울음이 쏟아졌다. 다리 위에서 고모들이 나를 냇가에 밀어 빠트렸다고 일러 바쳤다. 할머니는 하마터면 죽을 뻔했다고 걱정하셨다. 우리 집은 마을 초입에 위치하고, 우리 집 대문 옆에 공동 우물이 있었으며 우리 텃밭에는 오래된 살구나무가 있는데 그 가지가 우물까지 뻗쳤다. 나는 땅거미가 지기를 기다려, 내가 육학년이니까 오른쪽 호주머니에 살구 세 개를 넣고, 왼쪽 호주머니에는 돌멩이 세 개를 넣은 후 살구나무 위로 올라갔다. 한참을 기다렸더니 나를 시냇물에 빠트린 B고모가 우물가에 왔다. 물동이에 우물을 길러서 머리에 이고 갈려는 순간 돌멩이 세 개를 물동이에 떨어트렸다. 다음에 나를 구해준 O고모에게는 살구 세 개를 물동이에 떨어트렸다. 물동이를 머리에 이고 발을 옮기는 순간에 정 조준하여 물동이에 정확히 넣어야지 잘못 떨어트렸다가 어깨에 맞으면 들통 난다. 십여 분 후 B고모가 잔뜩 화가 나서 우리 집으로 쫓아왔다.

"재덕이 이리 나와! 네가 내 물동이에 돌멩이를 넣었지? 돌멩이 때문에 물을 못 먹고 물 항아리 물을 다 퍼냈다." 나는 무서워서 부엌으로 도망가서 할머니 뒤에 숨었다. 나는 혀를 낼름거리며 "용용 죽겠지." 약을 올려줬다. 할머니는 빗자루를 들고 B 고모를 때리려 드셨다. "물 항아리가 문제가 아니야, 네가 귀한 우리 장손을 시냇물에 빠트려 죽일 작정이냐? 무슨 웬수졌냐?" B고모는 찍소리 못하고 도망갔다. 나는 속으로 야단맞을 줄로 생각했는데 기분이 통쾌했다. 그 후로 고모들이 친조카처럼 다정히 대해줬다.

먼 훗날 B고모는 남편과 사별하여 궁핍한 세간이었고, O고모는 부자가 되어 떵떵거리며 행복하게 살았다. 신은 착한 자에게 복을 주고 심술꾼에게 화를 준다는 진리를 이제 노인이 되어서야 알았으며, 특히 소꿉장난이지만 물동이에 돌멩이를 넣는 장난은 잘못했다고 생각했다. 어머니한테 부지깽이로 얻어맞고 싶고, 할머니의 빗자루 호통도 듣고 싶건만 이미 이 세상 사람이 아니니 세월이 무상하다. 하지만 그 사랑은 내 가슴속에 강물처럼 흐르고 있어 항상 든든하다. 어머니가 만들어준 자운영 나물, 어린 시절 보리사리, 살구가 그립다. 장난은 스릴도 있고 낭만도 있었다. 오늘날의 어린이는 자연과 접하는 기회가 없어 정서적으로 메말라 가는 게 안타까울 뿐이다.

25. 잃어버린 동생

매년 설날에는 미국에 이민을 간 여동생과 전화로 한 시간 정도 회포를 나눈다. 이런 국제 전화는 설 뿐만 아니라 서로 보고 싶거나 부모님 생각날 때 이루어진다. 혈육은 곁에 있어야 정이 더 가는데 수만 리 미국에 있으니 명절이면 더 보고 싶다. 나이가 드니 마음이 약한 탓일까. 동생의 음성을 들으니 유년 시절 추억이 아련히 떠오른다.

내가 여섯 살 때, 아버지는 전북 익산군 황등지서에서 경찰관으로 근무했다. 우리가 사는 집은 목욕탕이 있고 도르래식 두레박이 딸린 우물이 있었던 적산 가옥이었다. 집 주위에는 측백나무 울타리가 있었는데 그 울타리에 참새들이 많이 날아 와서 시끄럽게 재잘거렸다. 이 동네 형들이 자주 와서 그물로 참새를 잡는 것을 보았고, 나도 어머니에게 참새를 잡아 달라고 졸라대기도 했다.

어느 날 어머니는 나에게 지서(현 파출소)에 가서 아버지께 점심 잡수시라고 하는 심부름을 시켰다. 지서는 담 하나 사이의 가까운 거리이므로 급히 달려갔다. 지서 역시 적산 가옥이므로 긴 복도를 지나면 오른편에 사무실이 있었다. 복도에 들어서니 참새 두 마리가 갇혀 푸드덕거렸다. 나는 참새가 날아가지 못하도록 복도 문을 닫고 빗자루를 들고 참새를 마구 쫓았다.

한참동안 쫓았더니 참새가 지쳐서 바닥에 주저앉았다. 참새를 가만히 움켜쥐었다. 참새는 살려 달라는 듯한 애처로운 눈빛으로 나를 바라보았다. 참새를 쫓느라고 뛰었으므로 나도 숨이 찼다. 참새도 가슴이 벌떡거렸다. 난생 처음으로 참새를 잡아보았다. 참새를 잡느라고 어머니의 심부름을 늦게 해서 아버지께 미안했다. 아버지와 지서에 있는 아버지 친구들은 기특하다고 칭찬해 주었다.

그러나 아버지는 참새를 살려 주라고 말씀하셔서 어머니께 참새를 보여준 후 날려 보내 주었다. 그날 오후 아버지는

25. 잃어버린 동생

퇴근 후 제복을 입으신 채 삽과 괭이로 텃밭을 팠다. 나는 아버지를 거들어 드린다고 서두르다 세 살 난 여동생의 머리를 괭이로 살짝 다치게 했다. 아버지나 어머니께서 나를 야단치실 줄 알았는데 혼내지 않는 것이 이상했다. 어머니는 여동생의 머리에 된장을 발라 주셨다.

어느 날, 어머니가 부엌에서 메주를 쑤고 있는 동안 동생이 어머니를 부르며 집 밖으로 나가버렸다. 아버지는 근무 중이시고 삼촌은 초등학교에 갔으므로 어머니는 혼자 동생을 찾으러 나섰다. 어머니는 오른손으로 내 손을 잡고 왼손으로는 우산을 받쳐 들고 "재란아! 재란아!" 동생의 이름을 부르며 고샅을 빠져 신작로로 달려갔다. 어디로 간지도 모르고 단지 짐작만으로 더듬으면서 빗속을 헤치고, 눈을 좌우로 번뜩이며 정신없이 뛰셨다. 나는 어머니의 손에 붙잡힌 채 허겁지겁 따라가다가 신발 한 짝이 벗겨졌다. 어머니는 바쁜 중에도 얼른 신발을 신겨 주셨다. 그 때 지나가는 차가 물벼락을 쳐서 어머니와 나는 흙탕물을 뒤집어썼다.

팔백 여 미터쯤 갔을 때 동생의 울음소리가 들렸다. 동생은 유난히 크게 울어 아버지가 '때까치'라고 별명을 붙여주었는데 그 큰 울음소리 때문에 빨리 동생을 찾을 수 있었다.

자전거포 주인이 강동거리는 어린아이가 도로를 따라 비를 맞고 울고 가기에 자전거포 안으로 데려다 놓았다는 것이다. 너무 반가운 나머지 어머니는 자전거포 주인에게 고맙다는 인사도 잊은 채 윗옷을 벗어 동생에게 덮어주고 양팔로 우리 남매를 껴안고 엉엉 우셨다. 나도 덩달아 울어버렸다. 동생의 울음은 어머니를 찾았다는 안도의 신호이고 어머니와 나의 울음은 기쁨의 표현이었다. 어머니는 "차 사고가 안 나서 다행이다, 네가 참새를 살려 준 탓으로 동생을 빨리 찾았다." 라고 말씀하셨다. 그러나 나는 그 말씀이 무슨 뜻인지 몰랐다.

그 일이 있은 후 1948년 10월 경 여수 순천에서 반란 사건이 발생하여 아버지는 반란군을 토벌하기 위하여 순천 현지로 떠나셨다. 동생은 어머니를 찾으려고 집을 나갔고 아버지는 풍전등화 같은 나라를 구하려 집을 나가셨다. 밤이면 멀리서 총소리가 들렸다. 어머니는 섬뜩섬뜩 놀라며 아버지 걱정을 많이 했다. 가장이 가정을 떠났으니 고통스럽고 힘들었으나, 어머니는 우리 남매 앞에선 내색을 하지 않고 입만 굳게 다물었다. 아침에 까치가 울어대더니 드디어 한 달 만에 아버지한테서 편지가 왔다. 무사하다는 내용인 듯했다. 어머니는 아버지가 보낸 봉투를 바늘로 조심스럽게 뗀 후 뒤집어서 이 봉투로 아버지에게 답장을 보냈다.

　나의 유년 시절은 스릴과 초조와 환희의 연속이었지만, 부모님으로부터 난관을 해결하는 지혜와 그 방법을 보면서 자라왔다. 오늘날 내게 어떠한 시련이 닥쳐와도 무난히 극복할 수 있는 투지력을 발휘할 수 있는 배경에는 극한 상황에도 희망은 있다는 것을 알게 해준 부모님의 은덕이란 생각을 지금도 지울 수 없다.

　"태양을 향해 달려라. 그러면 그림자는 보이지 않을 것이다."고 하는 헬렌 켈러의 외침이 가슴에 와 닿았다.

※ 2017. 3. 12. ≪가톨릭신문≫ 22면 독자 기고

26. 치매부모 실종 막는 사전 등록제

얼마 전 50대 아들이 치매에 걸린 어머니를 살해하고 경찰에 자수한 사건이 알려지면서 큰 충격을 주었다. 100세 시대를 맞아 오래 산다는 것이 축복만은 아니다. 치매는 가족에게 누를 끼치는 민폐성 질환이기 때문이다. 치매가 노년기 장애로 누군가에게 의존해야 하는 것이 문제이다 보니 치매환자 증가는 급격한 치매 관리 비용의 증가로 이어지고 이로 인해 가중된 경제적 부담이 사회적인 문제를 낳고 있다.

중앙 치매 센터에 의하면 2017년 6월 말 현재 전국 치매 환자 수는 72만 4,800여 명으로 치매 유병률은 10.2%에 달하고, 개인이 지불한 진료비와 간병비, 국가 노인 장기 요양 보험 지출 등 치매 관리 비용이 연간 14조 7,000억 원(환자 1인당 2,028만 원)에 이른다고 한다.

치매 환자와 보호자가 어려움을 겪고 있는 모습을 가까이에서 보면서 정부가 뒤늦게나마 치매 문제에 대해 큰 관심을 가져주는 게 참으로 반갑고, '치매 국가 책임제'에 대한 기대가 매우 크다.

그런데 정부의 치매 국가 책임제 논의 방향을 보면서 신중하게 생각해야 할 부분이 있다.

정부의 본인 부담 상한제나 장기 요양 보험 혜택 확대, 치매 지원센터 종사자 처우 개선 등은 치매환자와 가족 입장에서 큰 힘이 된다. 하지만, 치매는 오랜 기간 관리가 필요한 만성 질환이다. 시간이 갈수록 재원 유지에 어려움이 생길 수 있다. 그렇게 되면 처음 의지와는 달리 사업 자체가 왜곡될 우려가 있다. 이는 결국 치매 환자와 보호자, 또 치매 관련 종사자들에게 새로운 부담이 될 것이다. 이 사업은 중단이나 축소가 돼서는 안 된다. 지속 가능한 사업이 될 수 있도록 재원 마련과 유지에 대해 신중히 검토했으면 한다.

그리고 치매 환자는 암보다 무서운 존재로 인식돼 왔다. 치매를 바라보는 시각도 전환해야 할 필요가 있다. 향후 정책적으로 치매 환자와 가족에 대한 지원을 확대하더라도 치매 환자는 여전히 사회에서 격리되고 소외될 수 있다. 치매 환자와 가족이 우리 사회 안에서 함께 어려움을 이겨나가도록 사회적 관심이 필요하다.

정부는 매년 9월 21일을 '치매 극복의 날'로 정하고 전국 47개 치매 지원 센터를 올해 12월부터 전국 252개 보건소에 확대 실시하고 치매 환자를 1대 1로 맞춤 관리하는 '치매안심센터'를 설치 및 운영한다고 한다.

세상이 변해서 자식이 더 이상 노령의 부모를 모시는 효도는 기대할 수 없다. 정부가 앞으로 노인성 치매 환자를 위해 세심한 제도를 마련한다고 하니 낙심하지 말고 전문기관과 상담을 통해 문제를 해결하길 바란다.

이번에 도입하는 '치매 국가 책임제'는 선진국 수준의 제도다. 국가와 가족이 협심해서 노력하면 치매도 치유되거나 건강하게 관리될 수 있다. '치매 국가 책임제'가 반드시 성공적으로 운영돼 치매 문제를 우리 사회가 함께 해결하고 치유할 수 있는 길이 열리기를 소망한다.

마지막으로 치매 환자가 발생하면 치매 상담 콜센터(1899-9988), 국립 중앙 치매센터(1666-0921), 중앙 노인 보호 전문기관(1577-1389 또는 129)을 이용하면 도움을 받을 수 있다. 치매 환자 실종을 막으려면 경찰청에 지문 등 사전등록제를 신청하면 편리하다, 노인 장기 요양자는 치매가족협회(02-431-9963)에서 배회 감지기를 무상으로 지원받을 수 있다.

고재덕 한국시니어비젼협회 치매관리본부장

※ 2017. 12. 19. 동아일보 A.36 오피니언

27. 붕어와 신발을 가져다주신 선생님

초등학교 사 학년 무렵, 오월 경으로 기억된다. 내 고향은 전북의 어느 시골로, 집에서 매일 오리 길을 걸어서 초등학교에 다녔다. 책을 보자기에 둘둘 말아 어깨에 대각선으로 메고 어른께 인사하고 우산을 쓰고 집을 나섰다. 마을 어귀를 떠나 들에 이르러 우리 논 옆을 지나고 있었는데, 어른 손바닥만 붕어 네다섯 마리가 흙 이랑을 넘어가려고 펄떡거리는 것이 보였다. 누구나 이 모습을 보고 그냥 지나칠 수 없을 것이다.

책을 비에 젖지 않게 우산 밑에 놓아두고, 고무신을 벗고 논에 들어가 우선 붕어들이 도망가지 못하게 논의 물꼬를 흙으로 막았다. 책보자기를 어망처럼 네 귀퉁이를 묶은 후 제일 큰 놈을 향해 조심스럽게 보자기로 덮쳤다. 그러나 재빨리 도망가는 바람에 놓치고 말았다. 다시 흙 이랑으로 붕어를 몰고 가서 이번에는 온몸으로 덮친 후 책보자기로 싸서 잡는데 성공했다. 더 잡을 수 있으나 학교에 지각할 것 같아 한 마리로 충분하므로, 나머지 붕어는 포기하고 물꼬를 터 냇가로 흘려가게 했다. 갈대 줄기로 붕어 아가미를 꿰었다. 젖은 책보자기로 책을 싸서 다시 어깨에 들러 맸다.

'아! 이걸 어쩌나!' 붕어를 잡느라 정신없었던 탓으로 논둑에 벗어놓았던 왼쪽 고무신 한 짝이 물에 떠내려 간 것이다. 논바닥에 가라앉을 리 없고 아무리 찾아봐도 없다. 수업을 시작할 시간이 되어 더 이상 신발을 찾을 수 없어 포기하고 학교로 갔다. 한쪽 손에 붕어를, 다른 한쪽 손엔 신발을 들고 마구 뛰었다. 학교에 도착하니 이미 수업은 시작되어 교실 뒷문을 살짝 열고 살그머니 나의 앞자리에 가서 앉았다. 그런데 친구들이 마구 놀려댔다. 옆자리의 정○○는 "어부가 왔다." 짝꿍 여학생 이○○는 "선생님 비린내 나서 공부 못하겠어요!" 담임 선생님이 교무실의 급사에게 붕어를 맡겨놓고 오라고 말씀하셨다.

교실에 왔으나, 옷은 비에 젖어 춥고, 고무신은 잃어버려 어머니께 야단맞을 것을 생각하니 선생님 말씀이 귀에 들어오지 않았다. 수업이 끝나 붕어를 찾아가지고 집으로 가려고 교무실을 기웃거렸지만 선생님이 보이지 않아 포기하고 그냥 집으로 가기로 했다. 그때 시골길은 자갈길이라 발바닥이 아파 한 짝 고무신으로 오른발과 왼발을 번갈아 신고 집으로 왔다. 붕어를 어렵게 잡았는데 선생님께서는 왜 돌려주지 않으실까 생각하면서 우리 집까지 왔다. 어머니께서 만약 "옷이 왜 젖었느냐? 고무신을 어디에서 잃어버렸느냐?"고 물으시면 어떻게 대답을 해야 하나 고민했다.

내 모양새가 처량하고 억울하고 또 화도 나서 갑자기 눈물이 쏟아졌다. 선생님께서 붕어를 돌려줬더라면, 식구들에게 신바람 나게 무용담을 들려주었을 턴데…. "에라 모르겠다." 하고 점심도 먹지 않고 젖은 책을 말리기 위해 방바닥에 널려놓고 이불을 뒤집어쓰고 자버렸다. 할머니가 걱정스러워 "아가! 학교에서 싸웠냐! 밥이나 묵고 자거라." 하고 달랬지만 못 들은 척하고 잤다. 한참 잠을 잔 것 같은데 어머니가 깨웠다. 오후 늦게 학교에서 선생님이 오셨으니 빨리 밖으로 나오라고 말씀하셨다.

선생님이 수업을 마치고 신발 가게에 가서 내 고무신 한 켤레를 들고, 내가 잡은 붕어를 물통에 넣어 십여 리 길을 걸어서 우리 집에 오신 것이다. 내가 교무실에 갔을 때가 선생님이 내 고무신을 사시려고 신발가게에 가신 시간이었던 것 같았다. 나는 선생님이 붕어를 가져가신 걸로 오해한 것이 미안했고, 더구나 고무신까지 사가지고 오셔서 고마웠다. 그보다 더 반가운 것은 그때까지 그 붕어가 살아 있는 것이었다.

선생님께 붕어를 잡은 이야기를 해드리지 않았는데도 어머니에게 내 칭찬을 많이 해주시어 고마웠고 기분이 좋았다. 내가 신발을 잃어버린 것은 선생님과는 아무 상관이 없고 내 탓인데도 선생님이 고무신을 사 주신 것을 보고 나도 커서 어려운 사람을 도와야겠다고 생각했다. 그 선생님은 교육열이 대단한 김○○ 선생님이시다. 3학년 담임하면서 체육과목까지 맡았으며, 체육시간에는 높이 1.5m 교단에 올라 물구나무자세로 구령을 외치므로 학생들한테 박수를 많이 받아 인기가 대단히 좋았다.

그 선생님은 삼 학년 담임을 마치고 교직을 떠나 군에 입대했으며 우리가 오 학년 때 헬기를 타고 와서 공중에서 우리 운동장에 선물을 무더기로 떨어뜨려 주시어 동심에게 꿈과 희망을 주셨다. 실로 지덕체智德體를 겸비한 참다운 교육자이셨다.

선생님이 육군 항공대에 입대했다는 소식을 나중에야 들었다. 선생님 정말 고맙습니다.

※ 2017. 05. 19. ≪문화일보≫ 17면 오피니언.

28. 지하철 경로석에 누운 승객 꼴불견
– 버릇 고치려 신발 들고 내려

십 년 전, 여름 장마철 때 일이다. 종로 3가역으로 가기 위해 의정부역에서 지하철 1호선을 탔다. 시선을 끈 것은 노약자석의 한 남자였다. 60대 후반의 산도적 같은 남자가 등산화를 벗고 물에 젖은 양말로 노약자석에 배낭을 베고 드러누운 채 모자로 얼굴을 가리고 있었다. 그 앞에는 노인 2~3명이 손잡이에 몸을 의지한 채 삼대처럼 서서 그 남자가 자진해 일어나길 기다렸다. 나는 그 오만한 남자를 보고 매우 불쾌했다. 내가 그 남자를 공격하면 그 일행한테 집단 봉변을 당할 수도 있으므로 그의 주변을 확인했더니 아무도 없어 안심되었다. 도저히 참을 수 없었던 나는 고함을 질렀다. "여봐, 당장 일어나지 못해! 여기가 당신 안방이야? 공중도덕을 지켜야지.", "내 자리에 내가 누웠는데 무슨 상관이야?" 남자는 상식 밖의 대답을 내놓고 움직이지 않았다.

이후 큰소리로 호통쳤는데도 무반응으로 반응하는 그자에게 더 따져봤자 오히려 망신만 당할 것 같았다. 하지만 승객들이 보는 앞에서 물러설 수는 없었다. 다시 한 번 호통쳐 봤지만 막무가내였다.

마지막 최후 수단으로 그자의 신발을 살며시 들고 회기역에서 내렸다. 나는 남자에게 유리창 너머로 들고 있던 신발을 보여주며 크게 외쳤다.

"당신 신발 회기역에 놓고 간다." 이미 지하철 문은 닫혔고 그 남자는 문 앞에 와서 방방 뛰었다. 회기역에서 역무원에게 그 사연을 설명하고 양해를 구했더니 의외로 "잘했습니다. 공중도덕을 모르는 놈은 혼 좀 나야 합니다."라는 대답을 해줘서 마음이 놓였다. 나의 행동도 잘했다고 할 수는 없지만 '인간이 공중도덕을 지키지 않으면 혼 좀 나야 한다.'

그 무례한 자가 청량리역에서 맨발로 회기역까지 갈 것을 생각하니 웃음이 절로 나왔다.

※ 2016. 7. 6. ≪문화일보≫ 여론마당

29. 김일성은 왜 1950년 6월 25일에 남침했는가?

한국이 미국의 원자탄 덕에 갑자기 해방을 맞이하게 되었다. 당시 한국은 치안 부재 및 자활 능력이 부족한 무정부 상태였으므로 모스크바 삼국 외상회의 결정에 따라 임시정부 수립과 이를 원조하기 위한 미소 양국 간의 공동위원회를 설치했다. 1946년 1월 16일 미국의 아놀드(Arnold, A.V.) 소장과 소련의 스티코프(Shtikov, T.E.) 중장이 각각 대표를 맡아 덕수궁에서 회의를 개최되었으나, 미국 대표의 양보로 소련 대표의 계략에 말려들어 군사 분계선을 북위 38도선으로 분할해버려 엄청난 비극을 안겨주었다. 국내 정치는 당시 정파 정쟁과 친탁과 반탁의 분쟁으로 당초 목적을 성사하지 못하였고 1년 7개월 만에 아무런 성과도 없이 막을 내리게 되었다. 미국은 3년간 군정에 들어갔다.

그러나 김일성은 미소 공동 위원회가 지지부진한 틈을 이용하여 스탈린에게서 실속을 챙겼다. 항일 투사 김일성 (金日成, 1901생) 장군이 1937년에 행방불명되자 30대의 김성주는 김일성 이름을 도용하여 행세하던 중 1950년 1월 미국 애치슨 국무장관이 "한반도는 미국의 극동 방위선에서 제외한다."는 성명을 발표하자 이에 고무되어 1950년 3월 30일부터 4월 25일까지 모스코바에 머물면서 스탈린을 졸라 2차 대전 때 사용했던 소련제 T-34탱크 250대와 군사비 지원 약속을 받아냈다. 북한군 총참모장 강건에게 남침 계획을 지시하여 바실리예프 소련 군사 고문단장과 함께 5월 29일 남침 계획을 완성했다.

그의 남침 계획은 이러했다. 38선에서 부산까지 약 500km이므로 인민군이 6월 25일에 하루 10km씩 도보로 남진 행군할 경우 50일이면 부산까지 점령 가능하다는 것이었다. 50일째 되는 날이 8월 15일니까, 광복절에 서울에서 전승 기념 행사를 갖자는 계획을 꾸민 것이다. 여기에 박헌영이 지휘하는 남한의 지하 조직인 남부군이 봉기하여 남침군과 남부군의 협공으로 8월 15일까지 한반도 점령에 자신한다고 강건이 김일성에게 보고했다. 그러나 그 계획대로 추진하는데에 장애물이 너무 많았다. 박헌영이 주도한 여수, 순천, 대구, 제주도 반란 사건은 경찰에 의해서 소탕되었으며, 인민군의 남침 계획은 유엔군의 인천상륙작전 성공으로 차질이 생겼다.

인민군이 6월 25일 새벽 4시에 38선을 넘어 남침한 사실을 최초로 호소하여 유엔군을 참전케 한 공로자는 당시 한국이 유엔과 외교 관계가 없던 시절로, 이는 로마 교황 비서실장인 장면 박사가 활약한 덕분이다. 로마 교황청의 도움이 없었다면 한반도는 순식간에 공산화가 되었을 것이다. 6·25전쟁은 3년 1개월간 계속되었으며, 전쟁으로 인한 인명 피해는 민간인을 포함 450만 명이다. 이중 남한의 인명 피해는 민간인 약 100만 명, 국군 100만 명, 합 200만 명, 북한은 민간인 100만 명, 인민군, 중공군 합 250만 명으로 추산되며, 군인 전사자는 한국군이 22만 7,748명, 미군이 3만 3,629명, 유엔군이 3,194명이며, 남한은 산업 시설의 43%, 주택의 33%가 완전히 파괴되었다.

전북 완주군 모악산 기슭에 김일성 32대 조상 김태서 묘가 있다. 풍수지리가 손석우가 이 묘를 보고 김일성의 사망일을 1994년 7월 8일로 예언했으나 그 예언보다 한 달 후에 김일성은 사망했다. 이로 인해 김영삼 대통령과 김일성과의 회담은 불발되었다.

김성주가 항일 투사 김일성을 존경하여 그 이름을 도용했다면 항일 투사답게 일본군과 싸우든가 잃어버린 만주땅을 회복했어야 마땅하다. 그의 조상이 묻혀있는 남측의 동족을 향해 총구를 돌려 남·북한 450만 명이나 인명 희생시킨 실수는 민족사에 오점을 남긴 무모한 도박이었다. 한편 소련의 탱크까지 지원받은 김일성도 남침으로 엄청난 인명 피해를 입었는데 당시 남한은 전력이 허약한 상태에서 북침하는 무모한 모험을 할 리가 없었다. 북침설은 논리에도 맞지 않고 신빙성이 없는 억지 주장이다. 1950년은 단기로 4283년이다. 거꾸로 읽으면 3824. 즉 38선이 이사한 날이다. 판문점板門店은 한문 획수가 판板 8획, 문門, 8획 점店 8획, 즉 3자가 각각 8획이다. 우연치고는 너무나 신기하다.

※ 2018. 6. 22. ≪문화일보≫ 37면 여론마당

30. 당혹스런 자선냄비

을씨년스러운 세모의 광화문 사거리, 영하 십오 도의 추운 날씨에다 빌딩 사이를 돌아서 부는 바람이 무척 차갑다. 차가운 바람만큼 시민들의 마음도 추웠다. 한낮인데도 추위 때문인지 사람들의 발길이 뜸했다.

그때 구세군 직원 두 명이 사람들이 오가는 횡단보도 길목에다 자선냄비를 받쳐 놓고 "불우 이웃을 도웁시다." 하고 행인들에게 큰 목소리로 호소하며 부지런히 종을 흔들어 대곤 했다. 그러나 시간이 꽤 많이 지났는데도 자선냄비는 텅 비어 있었다. 나는 미안한 마음이 생겨 주머니를 뒤져 적은 돈을 자선냄비에 넣고, 한쪽 모퉁이에서 신호등을 기다리다가 이상한 광경을 목격했다. 젊은 스님이 자선냄비 옆에 '대자대비大慈大悲'라고 쓴 시주함을 놓고 큰 절을 한 후 솜 방석 위에 무릎 꿇고 앉아 계속 목탁을 치며, 나무아미타불을 연신 읊는다. 순식간에 두 종교 간에 고객 유치로 묘한 신경전이 벌어지고 있어 호기심이 갔다.

"스님, 왜 하필이면 우리 자선냄비 옆에서 목탁을 치십니까?", "뭐요? 당신이 이 자리 전세 냈소?" 구세군 직원들은 행인들 앞에서 종교인들끼리 다투는 것이 모양새가 좋지 않아 화를 참는 것 같았다.

그 순간 할머니가 손에 천 원짜리 지폐 한 장을 들고 자선냄비로 갈까 시주함으로 갈까 망설였다. 스님이 벌떡 일어나서 그 할머니 곁에 가 나무아미타불을 연신 외치며, 눈을 맞추니 할머니가 돈을 시주함에 넣어버렸다. 할머니가 시주함에 돈을 넣자마자, 스님은 구세군 직원을 향해 입술을 삐쭉거렸다.

이 광경을 보니, 나도 모르게 웃음이 절로 났다. 구세군 직원의 눈빛은 스님을 한 대 칠 듯이 증오심을 담아 응시했다. 그리고는 "참자! 참는 자가 복이 있나니…." 혼잣말을 했다. 이 사건 이후 신바람 나게 자선냄비의 종소리와 목탁 소리는 부서질 정도로 요란하게 맞붙어댔으며, 행인들도 그 숫자가 점차 늘어나 모두 덩달아 흥분되어 방방 뛰었다. 사랑 또는 자비심으로 양보할까? 모금 실적을 위해 경쟁했다. 행인들은 호기심으로 접근했다가 이제는 기독교인과 불교인으로 편이 갈라져 자기 편 이기라고 응원까지 해가며 열을 올렸다. 갑자기 용서와 경쟁으로 묘한 연기가 벌어져 냉기로 얼어붙은 광화문 사거리는 뜨겁게 달아올랐다. 흡사 야외 레슬링 경기장 같았으며, 두 종교인은 레슬링 선수요, 행인은 관객이 되어 추위도, 갈 길도 잊은 채 눈앞의 경기(?) 관전에 모두 정신이 팔려있었다.

"꼭 이기세요." 당부하며 자기가 지지하는 모금함에 고액권을 넣으면서 싸움을 부추기는 행인이 있는가 하면 "싸우지 말라."며 양쪽 모금함에 돈을 공평하게 넣어주는 행인도 있었다. 구세군은 스님과 부딪치지 않으려고 다른 장소를 옮기고 싶었지만 이 지점이 행인이 많아 사무실에서 지정해준 명당자리이므로 자선냄비를 다른 곳으로 옮길 수도 없었다. 하루 종일 스님에게 신경이 쓰여 오늘은 재수 없는 날이라고 체념해 버린 듯 했다. 오후 다섯 시가 되자, 구세군 직원은 철수 준비를 서두르고 있었다. 스님이 갑자기 시주함을 뜯어 돈을 걷어내더니 모두 자선냄비에 털어 넣고 자리를 훌훌 떠나는 것이었다.

"아니 이럴 수가…. 스님, 저 좀 봅시다." 스님은 아무 대꾸도 없이 횡단보도를 건너 유유히 사라졌다. 구세군은 자리다툼과 모금 때문에 화냈던 것이 너무 부끄러워 쥐구멍이라도 찾고 싶었다.

스님의 자비가 십자군의 사랑보다 큰 것 같다.

※ 2015. 12. 13. ≪평화신문≫ 26면 독자마당

31. 리빙스턴교 슬픈 교훈

해마다 유월이면 한국 전쟁 때 돌아가신 아버님에 대한 그리움을 견딜 수 없어 격전지를 순례하지 않고는 못 배긴다. 2015년에 「대한민국 전몰군경유족회」 관악지회 사십여 명은 오월 말일 지회장의 인솔하에 강원도 인제군 격전지 〈리빙스톤교〉를 순례했다.

인제군 인제읍 합강 3리 인북천 다리는 1951년 6월 10일 인제지구 미군과 인민군과의 작전 중 당시 포병대대 대대장인 리빙스턴 중령이 이끄는 병력이 퇴각하게 되었다. 교량이 없는데다 홍수로 강물이 불어 급류인 인북천을 수영으로 건너는 도중 인민군의 벌떼 같은 기습공격으로 몇 개 중대 원들이 사살되어 수장당하고 많은 보급품과 장비가 손실을 입었다.

리빙스턴(Livingstone) 중령은 중상을 입고 부인에게 이곳에 다리를 놓아 줄 것을 유언했으니 유언에 따라 목제 다리를 1957년 12월 4일에 건설하여 리빙스톤교라 명명하였으며, 붉게 색칠하여 '붉은 다리'라고도 불리기도 했다.

목제다리가 노후하여 현재의 교량은 1970년 12월 20일 육군 제207야전공병단이 리빙스턴(Livingstone) 중령의 숭고한 자유 수호 정신을 받들어 폭 7m, 길이 148m인 다리를 완공했다. 처참한 현실을 목격하고도 전우의 시신을 수습하지 못한 채 남하했을 때 그 심정은 어떠했으랴! 유골은 어느 강바닥에 버려진 채 세월만 흘러갔다. 오늘의 인북천은 시신과 붉은 피는 사라지고, 민족의 원한을 안은 채 강물만 말없이 흐른다. 다리 위에서 흰 국화꽃을 강물에 헌화하며 허공을 향해 목 놓아 불려본다. "아버지! 아버지! 아버지!" 대답은 없고 메아리만 온산에 울려 퍼지곤 했다. 전투 당시 포화소리와 절규가 들린 듯해서 가슴이 메였다. 한국전에 139명의 미군 장성의 아들이나 조카들이 참전했으며,

이중 존 아이젠하워 육군 중령, 제3대 유엔군 총사령관이었던 마크 클라크 대장의 아들, 샘 워커 육군 대위, 빈 클라크 육군 대위, 짐 밴플리트 공군 중위 등 35명이 전사하거나 부상당했다.

 우리 국군이 우리 조국을 지키기 위해서 피를 흘리는 것은 당연하지만 단지 자유수호를 위해서 유엔 참전국 전우들이 이역만리 우리 한국에 와서 꽃다운 젊음을 희생한 숭고한 정신은 참으로 고맙기 그지없다. 현 세대의 우리는 애국으로 이를 보답해야겠다. 이스라엘 청년은 유학 중 모국에서 전쟁나면 학업을 포기한 채, 귀국한다. 우리나라도 6·25 때 고등학생이 수업 중 학도병으로 출전했으며, 외국인도 목숨 바쳐 우리나라를 위해 싸워주었건만, 요즘 정작 우리나라는 국가관이 투철해야할 몇몇 고위직일수록 갖은 핑계로 병역을 기피하여 사회문제가 되고 있는데 이는 노블레스 오블리주* 정신에 위배되는 무임승차 같은 얌체짓이다.

---

* 지도층 인사에게 요구되는 도덕적 의무.
 노블레스 오블리주 정신 유례는 로마시대 포에니 전쟁 때 전쟁세를 신설, 재산이 많은 원로원들이 더 많은 세금 부담을 감수했으며, 먼저 기부를 하기 위해 경쟁적으로 돈을 국고에 바쳤으며, 이를 본 평민들도 앞 다퉈 세금을 냈다.

2013년 5월 27일자 병무청 통계에 의하면 고위직 10명 중 4명이 병역을 면제받았으니, 특권을 향유하면서 국방 의무를 기피하는데, 이 나라 국방은 힘없는 서민이 지키고, 서민의 충성스런 국방 덕분에 권력자들이 부를 누리고 있으며, 농촌의 젊은이들이 모두 도시로 나가고, 70대 노인들이 농사지어 이 나라 국민들을 먹여 살린다. 선진국 예컨데 영국은 고위직일수록 솔선수범의 생생한 실례를 보여준 신사의 나라다.

엘리자베스 2세 여왕도 공주시절 제2차 세계대전에 트럭 운전병으로 참전했으며, 영국 해리 왕자와 앤드류 왕자도 위험을 무릅쓰고 전쟁터에 참전하여 온 영국 국민의 찬사를 받았다.

이 나라 젊은이들은 예술계에서, 스포츠업계에서, 학계에서 국제적으로 국위를 선양시키는데 몇몇 어른들은 지도층으로서 사리사욕에 빠졌으니 젊은이에게 체면이 안 선다. 총으로 권력을 잡은 것도 잘못이고, 권력으로 부정축재를 한 것도 잘못이고, 부정 축재금 반환을 배째라식으로 거부하는 옹고집은 더더욱 잘못이다. 도덕적으로 타락한 전직 국가원수에게 이 나라의 운명을 맡겼으니, 사회 기강은 병

들고 국민들은 그 후유증을 떠맡아 오랫동안 시달려야 했다. 일국의 전직 두 대통령의 부끄러운 추태가 우리나라 헌정사에 오점을 남겨 대통령으로서 국격을 멸실케 했다.

선배 장병들이 목숨 바쳐 이 나라를 지킨 선량한 군 지휘관도 있는 반면 일부 후배 지휘관들이 악습의 전철을 밟아 권력을 이용하여 부를 축척한 사실이 청문회 때마다 드러났을 때 국민들은 너무나 놀랐고, 실망했는데, 이는 윗물이 맑지 못한 탓이다. 군인이란 충성심과 공덕심으로 훈장을 받고, 별 달았으면 만족해야지, 권력을 거머쥐고서도 부富까지 챙긴다면 군 정신에 위배되며, 국립묘지의 선배님들을 무슨 낯으로 참배한단 말인가?

오늘날 행복을 누리는 고위직이 이렇게 병역을 기피하고, 일부 지휘관들이 황금을 챙기라고 선배 장병들이 이 조국을 위해서 목숨을 바쳤던가? 리빙스턴(Livingstone) 중령처럼 사제를 털어 교량을 만들어 줄 선심의 지휘자는 없는가?

고위층의 병역 기피와 지도층의 부정 축재, 고객으로부터 벌어온 재산을 사회에 환원하지 않고 비자금을 챙기는 악덕 기업가, 외국으로의 원정 출산, 조세피난처(Tax heven)

등은 반사회적인 풍조로 너무 파렴치하여 지탄 받아 마땅하다.

가끔 '묻지마 범죄'나 집단적인 떼법의 항거는 일부 고위층들이 지각없이 위화감을 조장시킨데 원인이 있다.
간디는 망국론 7개항으로 지도층을 질타했다. 현시대의 우리에게 적합한 명언이다.

> 원칙 없는 정치/ 도덕 없는 상업/ 노동 없는 부富/ 인격 없는 교육/ 인간성 없는 과학/ 양심 없는 쾌락/ 희생 없는 신앙

오늘도 동작동의 진혼곡은 메아리치는데 마음이 부끄러워 발걸음이 무겁다. 호국 영령님이여, 고이 잠드소서!

※ 2013. 7. 3. ≪문화일보≫ 37면

32. 마의 벽을 넘다

2012년 6월 9일 토요일 오후 6시. 나의 향학의 고향 광주, 1929년 학생운동 발상지이자 1980년 5·18 민주화운동 진원지 광주. 불의를 보면 못 참는 횃불 같은 정의감. 이런 정기를 받기 위해서 '제10회 광주 빛고을 100km 울트라 마라톤 대회'에 참가했다. 해당 대회는 함께 달리기보다 자기 실력에 맞게 달리므로 출발 후 서로 행운을 비는 손사래만 하고 헤어져 문화광장의 왼편 광주천을 따라 강물이 흘러가듯 무등산으로 질주했다. 과연 내가 이 출발점에 무사히 살아서 돌아올까!

당일 광주 지방의 날씨는 삼십 도의 습한 공기. 여기에 복사열 십도를 더해 도합 사십 도의 더위를 자랑했다. 나는 그 열기 속으로 달려갔다. 여어기에 심장인 엔진이 달궈졌으니 몸 전체가 불덩이 같아 출발 초부터 땀이 팥죽처럼 쏟아졌다. 해는 서산에 지고 강가의 물새들은 갈대숲에서 둥지를 찾는데 234명의 건각들은 탱크처럼 꿉꿉한 밤공기를 헤치며 어둠 속으로 어둠 속으로 달렸다. 24.1㎞를 달리니 국립 5·18 민주 묘지 정문이 나타났다. 한 많은 어느 열사들이 잠자고 있어 달리기만 아니면 묵념이라도 올리고 싶었지만, 망령들이 살아서 뒤를 따라오는 것만 같았다. 갑자기 풀속에서 '푸다닥' 소리가 나서 놀라 머리끝이 쭈뼛했다. 꿩이 놀라서 날아간 것이다.

계속 달려 36.3㎞지점에 충장공 김덕령 장군의 충장사를 지나 밤 1시경 50㎞지점에서 기록을 점검한 후 노천에서 야식을 번개처럼 해치우고 우측 샛길을 5㎞을 왕복한 후 69.3㎞지점에 이르니 화순 안양산 휴양림에 도달했다. 피톤치드가 많다는 편백나무 숲 사이를 지나니 코끝이 향긋했다. 안내원이 견광 불을 흔들며 수시로 주로를 안내하니 방향을 알았으며, 반딧불이 별처럼 황홀하게 빛나서 고마웠으니 옛날 동심으로 돌아간 기분이었다. 통상 출발 60㎞지점은 잠이 쏟아지는 지역이다. 야간에는 발끝에서 머리끝까지 긴장시킨 채 발을 밀어서 전진해야만 돌에 걸려 넘어지지 않는다.

CP에 도착하자마자 플라스틱 통의 물을 모자로 퍼서 머리에 부어 댔는데도 머리가 불덩이처럼 뜨거웠다. 물벼락을 맞고 내리막길을 달려 논 옆을 지나갔다. 못자리에 개구리와 맹꽁이들이 풀장의 수영객처럼 버글버글 했다. 개구리와 맹꽁이들의 짝을 찾는 호소가 우리에게 아름다운 노래로 들렸다. 여기에 소쩍새와 산비둘기들이 목청껏 노래 부르니 우리 선수들을 환영하는 환상적인 오케스트라로 발걸음이 한결 가벼웠다. 심야의 산속이 이렇게 아름답고 장관인 줄 몰랐다.

70km지점부터는 무의식 상태에서 뛰므로 누가 불러도 들리지 않는다. 배가 고팠지만 편의점은 없어 배낭에서 비상식량인 찹쌀떡과 닭 가슴살을 꺼내 먹으며 달렸다. 자갈밭 언덕길을 5km 정도 달린 후 화순 너릿재 정상에서 국수를 한 사발을 맛있게 먹었더니 힘이 솟아났다. 먹은 후 다음 순서는 배설이다. 시간을 아껴야 하므로 간이 화장실에서 대변과 소변을 속전속결했더니 몸이 한결 가벼웠고 통쾌했

다. 불가에서 화장실을 해우소解憂所라고 일컫는데 과연 안성맞춤이다. 하산 길 왼편에 원시림으로 우거져 풍치가 훌륭했다. 산속의 짐승들을 깨운다는 절의 둔탁한 종소리가 멀리서 들린걸 보니 새벽 4시가 된 것 같다. 어둡고 괴로운 밤이 지나고 여명이 밝아오기 시작했다.

80km지점에 이르니 무릎 관절이 아프고, 장단지가 당겨 달릴 수 없다. 무당처럼 손을 흔들어보기도 하고, 뒷걸음질 해보기도 하고 껑충껑충 뛰어보기 등 변화를 줬더니 피로가 다소 풀렸다. 발바닥에 물집이 생겨 이쑤시개로 물을 터트린 후 달렸다. 안내원에게 물파스나 멘소래담을 부탁했으나 재고가 없었다. 찬물로 냉찜질한 후 절뚝거리며 패잔병처럼 달렸다. 그러나 무슨 일이 있어도 우리 고등학교 교가처럼 '파도와 눈보라를 박차 헤치듯이 고난을 참고' 몸을 골인 점까지 끌고 가야겠다. 승리 없는 인생은 무의미하므로 주로가 나의 체력을 아무리 방해할지라도 인간의 한계를 넘어 기어코 완주해야겠다. 울트라 달리기란 쉬고 싶고, 자고 싶고, 먹고 싶은 삼중고에 시달려야 한다. 시인 이은상의 시 '고지가 바로 저긴데'가 떠오른다. 정말 힘이 솟아난다.

"고지가 바로 저긴데/ 예서 말수는 없다./ 넘어지고

깨어 지고라도/ 한 조각 심장만 남거들랑/ 부둥켜 안고/
가야만 하는 겨레가 있다."

개인 간의 간격이 100여 미터이므로 동료들을 볼 수 없어 고독할지 모르나 실은 밤하늘과 대화하노라면 초승달이 계속 따라오니 외롭지 않았다. 속세에 찌든 내 마음속을 하늘의 영롱한 별들이 닦아주는 것 같았다. 그동안 구겨지게 살았던 과거를 반추反芻하게 되고 미움과 불친절했던 지난날이 미안했다. 인간은 죽음 앞에 있거나 극한 상황에 이르면 진실해지고 잘못을 뉘우치게 된다.

84km지점의 교각 밑을 돌아서니 광주천 상류였다. 16km의 광주천의 마지막 주로는 험로이므로 더욱 멀리 느껴져 달리기보다 몸을 끌고 가는 지경이었다. 마지막 문화광장의 골인 테이프에 가슴을 터치한 후 풀밭에 지친 몸을 던졌다. 정신력이 체력을 이긴 한판 승부였다. '아, 이 순간을 얼마나 기다렸던가!' 시계탑이 15시간 52분 58초를 가르켰다. 제한시간 16시간을 어렵게 8분이나 당겼으니 마의 벽을 넘었다. 234명 선수 중 48명이 탈락하고 185명이 완주했다. 이 완주자의 일원이 되었으니 무척 통쾌했다. 승리의 월계관을 쓰는 순간 솟아오른 태양이 얼굴을 비춰줬다. 250리를

달린 나의 두 발이 고마웠다. 무릎 관절이 무려 166,600회나 굴절했는데도 파열되지 않아 다행이다.

울트라달리기는 평소에 훈련도 중요하지만 신기神氣가 동動하는 모험심과 도전 정신이 없이는 100km 마魔의 벽을 넘을 수 없다. 나는 프로가 아닌 몸으로서 비록 나이가 들었어도 완주했으니 체력이 아직은 건재함을 입증한 듯하여 하느님께 감사를 드린다.

야간 경기이므로 시각이 부족하고 다만 청각으로만 묘사되기 때문에 반쪽 글이지만 터질 것 같은 환희와 성취감을 억제할 수 없어 족적을 전설로 기록해본다. 대구에서 낙동강까지 코스, 계룡산 둘레길 2회, 강화도 둘레길에 이어 이번 무등산 둘레길 100km 울트라는 다섯 번째다. 고대 그리스의 아리스토텔레스는 "발자국이 뇌신경을 자극하는 관계로 이것으로 얻은 정신력으로 체력을 지탱하리라."는 금언을 실천해봤다.

33. 손가락 통을 향해 경례

2011년 1월 20일 오후 6시에 대인(大仁: 대련-인천) 페리호로 인천 연안 국제 부두를 출발하여 장장 17시간만인 21일 오후 3시에 중국 대련항에 도착했다.

대련에서 오후 5시에 빨간 T-열차(우리나라 새마을 열차)로 대련을 출발하여 심양, 철령, 사평, 장춘, 길림, 교화, 돈화, 안도, 조양천을 거쳐 즉 요령성, 길림성을 경유 1,400km를 시속 130~140km로 달려 18시간 만에 22일 오전 11시에 연길에 도착했다. 「의사 지바코」의 장면처럼 가도 가도 하얀 눈벌판이었으며 간혹 민가에서 연기가 모락모락 올라왔다.

여독에 지친 나그네를 더 외롭게 했다.

페리호는 영상 18도를 유지하여 춥지 않았으나, 기차는 피난 열차 같이 난방이 미비하여 유리창 틈으로 찬바람이 밀어 닥쳐 영하 7도로 실내 물기가 모두 얼어 창밖을 볼 수 없었다. 난방보다는 인해 전술식으로 승객 체온으로 열차 실내 기온을 높이려 했지만 가당치 않았다. 냄새난 시트를 덮고 잠을 청했지만 턱이 오돌오돌 떨려 잠이 오지 않았다. 하지만 조선족은 추위에 익숙한지 눕자마자 코를 골았다. 중국인의 밑바닥 삶의 애환을 체험하기 위하여 선편, 열차를 택했는데, 얻는 것보다 잃는 것이 많아 후회했다. 너무 추워 잠을 잘 수 없어 여객 전무를 자원봉사했다. 이곳 여객 전무는 검표 외에 기차 바닥 얼음도 깨어야 하므로 쉴 틈이 없었다.

드디어 오전 11시에 연길역 도착하자 여객 인파가 밀물처럼 쏟아져 나왔다. 난생 처음으로 위도상 최북단에 닿았다. 전체 도시 인구 60만 명 가운데 58%가 조선족이니 한국 땅과 다름없으며 건물의 모든 간판이 한글과 한문이 병용하여 서울 구로동에 온 것 같은 착각이 들었다. 현재 기온이 영하 27도이므로 남녀 모두 장화 털신에 눈만 내놓는 벙거지를 쓰고 다니면서 돈벌이에 바빴다. 병원, 관공서, 백화점 등 모든 건물 입구는 비닐 커튼이 걸려있어 이를 제친 후 현관문을 열고 들어섰다. '마라톤' 유니폼으로 바꿔 입고 1km를 혼자서 뛰어 봤다.

남들이 보기에는 미친놈 같기도, 혹은 영웅 같기도 했겠지만 이에 의식하지 않고 오직 중국인에게 '대한남아'를 알리고 싶어 추위도 잊고, 시민의 시선도 의식하지 않고, 달밤에 체조하듯 정신없이 달렸다. 잠깐 달린 후 코트를 갈아입고 '목포식당'에서 김치찌개를 맛있게 먹은 후 고속버스를 타고 1시간 30분을 달려 훈춘에 도착했다. 꿩이 버스 창가에 부딪친 것이 신기했다.

중국의 훈춘은 북한의 나진시 선봉과 러시아 우스리스크의 3국의 국경선이 접한 곳으로 일제 강점기에 우리나라 독립운동가들이 항일 투쟁을 한 지역이다. "일송정 푸른솔은 늙어늙어 갔어도 한줄기 해란강은 천년두고 흐른다…." 노래 〈선구자〉를 목이 터져라하고 불러 봤다. 훈춘에 도착한 후 호텔로 가기 위해 택시를 찾았다. 택시 운전수들이 도시락을 입에 대고 젓가락으로 밥을 입에 밀어 넣으면서 가자 미눈으로 손님을 부른다. 식사하랴 호객하랴 바쁘다. 중국에서 별난 것 두 가지를 보았다. 첫째, 모든 은행이 두꺼운 방탄유리로 차단되어 고객이 은행원에게 접근을 못하게 되어 은행 강도 사건은 없을 것 같았다. 둘째, 가축 음식 속칭 짬빵을 운반하는 당나귀가 주인은 달구지에서 졸고 있는데 빨간 신호등, 파란 신호등을 알아서 판단하여 차량 숲속을 헤치며 신기하게 당나귀 혼자서 주인집으로 향하니 당나귀가 상당히 영리한 것 같았다.

두만강은 백두산에서 발원하여 훈춘지역은 하류인데도, 뱃사공이 노 저을 정도의 큰 강은커녕 중량천보다 강폭이 좁은 샛강이라 실망했다. 초보 수영선수라도 20분이면 도강할 것 같다. 눈 덮힌 두만강 북한측 강변은 적막하고, 드문 드문 벽돌집에서 연기가 올라오는데 여기는 민가를 가장한 군 초소이며, 여기에는 고성능 망원경이 배치되어 탈북자 발견 시 즉각 기관총으로 조준 저격한다고 설명했다. 탈북자가 중국에서 잡히면 여자는 코에 구멍을 뚫고, 남자는 손바닥에 구멍을 뚫어 북한으로 압송하며, 그 이후 수용소로 보내거나 처형된다니 지옥이다. 숨겨준 자도 불고지죄로 감옥에 간다니, 목숨을 걸고 탈북한들 생존 가능성은 희박하다. 일제강점기에 왜놈들이 우리 민족을 핍박한 것보다 북한 당국이 더 심했다니 인간이 살 곳이 아니다.

강물이 얼어 북한의 촌로들이 달구지에 나무를 싣고 얼음판 위를 건너갔다. 중국 측 산야는 숲이 울창한데 북한은 민둥산이라 장마 때가 되면 산사태가 날 것 같았다.

안중근 의사의 생가를 둘러보았다. 관리가 허술하여 아쉬웠다. 안중근 의사가 소학교 교사시절 나라 잃은 설움에 북받쳐 용정 제1소학교에서 7명 동창생이 독립운동 결의로 약지를 잘라 혈서를 쓴 후 잘린 손가락을 알콜통에 보관하여 정문에 고정시킨 후 조선족 학생들이 등교 때마다 그 손가락 통을 향해 경례를 하며 애국심을 돋웠다. 그러자 왜놈이 화가 나서 그 손가락통 철거를 지시했지만 학교 측에서 완강히 거절했고 일본 헌병이 직원회의 때 교무실에 들어와서 교사 12명을 사살했다. 지금은 학교 건물이 없어지고, 그 교정에 12명의 묘지만이 피어린 역사를 증명해주는 전설만 남겼을 뿐 산천은 말이 없고, 솔밭 사이로 찬바람만 스치운다.

우리나라의 독립을 위해서 남의 나라에 와서 군자금도 부족하고, 감시도 심한데 목숨을 잃어가며 투쟁했던 우리 선조 독립군의 고귀한 희생이 고마워 머리가 절로 숙여졌다. 그러나 아직도 독립군 수만 명의 유골이 환국하지 못하고 이국의 산야에 묻혀 혼백이 구천에서 방황한다는 설명을 들었을 땐 가슴이 아프고 눈시울이 뜨거웠다.

이번 여행은 교통시간이 왕복 70시간에 다다른 긴 여정이었으며, 인천항에 도착할 때는 마치「서유기」의 삼장법사처럼 아련한 꿈만 같아 인천부두를 껴안고 싶은 심정이었다. 외국에 가면 누구나 애국자가 된다. 고생은 했지만 얻은 것도 많았다. 독립은 거저 되는 것이 아니고 애국 선혈들의 피와 땀의 대가이며, 우리 후손들이 오늘 날 행복한 삶을 누리는 것은 독립운동가의 은덕이므로 이분들께 감사를 드려야 마땅하겠다.

34. 생명은 그 자체로 존중받아야 한다

중학생 딸의 친구를 집으로 유인해 성적 욕구를 채운 뒤 살해한 '어금니 아빠' 사건과 8세 여아를 납치해 살해하고 시신을 훼손한 인천 10대 여고생 사건은 우리 사회를 큰 충격에 빠뜨렸다.

우리 국민의 3/4이 어느 한 종교를 믿는 신앙인이지만 이런 엽기적인 범죄가 계속 발생하는 것은 부끄러운 일이다. 종교계에서 '부처님 오신 날'이나 '부활절', '성탄절' 때 국민들에게 메시지를 내면서 이런 범죄 행위를 앞에 두고서는 참회한다는 말없이 침묵만 지킨다면 이 또한 직무유기이다.

악을 보고 방관하면 악의 편에 서는 것이다. 무고한 국민들이 살해되었는데 정부가 아무런 사과를 하지 않고 침묵만 지키는 것은 잘못이며, 사회부총리 겸 교육부장관이 정부 대표로서 사과해야 한다.

최근에는 미성년자들이 어른을 흉내내어 생명을 경시하여 친구를 살해하거나 돈놀이를 하는 등, 청소년 범죄가 급증하고 있어 이 나라 미래가 걱정된다. 이는 홍수처럼 넘쳐나는 다양한 매스컴 등이 감수성 예민한 청소년들에게 모방 범죄를 부추기기 때문이라고 볼 수 있다. 따라서 경제논리만 따르는 이러한 사회적 병폐에 강력히 대처해 나가야 할 것이다.

우리나라는 신생아 출생률이 OECD국가 중 최하위다. 「건강보험심사평가원」에 의하면, 2016년도 병원에서 출생한 신생아가 42만 6,025명이다. 2010년 낙태아 수는 보건복지부 출산정책과에 의하면 약 16만 9,000명이다. 형법 269조와 270조에는 낙태 시 징역과 벌금형의 처벌조항이 있지만, 모자보건법 제14조에 인공임신중절이 허용되어 생명경시 풍조를 조장하고 있는 실정이다. 모자보건법 제14조 3, 4항'을 폐지하여 영국이나 프랑스처럼 결손아동(강간

34. 생명은 그 자체로 존중받아야 한다 **175**

이나 혈족 임신)도 공동체가 함께 보호하고 길러야 한다.

서독의 빌리브란트 수상도 사생아 출신이고, 빌 클린턴 전 대통령의 아버지도 여러 차례 이혼했다.
어떠한 모습으로든 세상에 태어난 생명은 하느님 은총의 선물이므로 그 누구도 침해할 수 없다. 인명경시의 반인륜성은 하루 빨리 사라져야 한다.

---

* 참고 모자보건법 제14조
 -3항. 강간 또는 준강간準强姦에 의하여 임신된 경우
 -4항. 법률상 혼인할 수 없는 혈족 또는 인척 간에 임신된 경우

35. 착각

2016년 9월 12일 오후 7시 44분. 경주에서 진도 5.8도의 지진이 발생했다. 전국이 공포와 불안에 떨었다. 텔레비전 방송에선 재난상황 뉴스가 3분 뒤인 47분에, 청와대에선 뉴스가 나간 후인 오후 7시 51분에야 보고를 받았다고 한다. "심야 시간에는 장관의 꿀잠을 깨우지 말고 아침에 상황 보고하라." 했다는 것이다. 그런 보고 방식 문제로 국정감사에서 시끌벅적했다.

이런 해괴망칙한 뉴스를 접할 때 이십여 년 전 유사한 사건이 떠오른다. 부동산 등기부 등본을 발급 받으러 ○○

등기소에 갔다. 당시엔 대기 번호 발급기가 없어 20여 명이 줄을 서 있어서 차례를 기다려야 했다. 나도 그 대열에 끼어 순서를 기다리고 있는데 내 앞에 있던 중년의 여인이 담당 공무원과 시비로 줄이 전혀 줄어들지 않았다. 알고 보니 민원인이 글씨를 잘못 썼다고 담당 공무원이 짜증을 내는 것이다.

"아주머니! 똘아이 같이 몇 번이나 틀립니까?"
"뭐요? 누나 같은 민원인한테 똘아이라니요?"
"똘아이 같이 썼으니까 똘아이라 하지요?"
나는 그 여자 민원인을 제치고 그 담당 공무원에게 항의했다.

"당신 공무원이야? 공익 근무원이야? 민원인에게 똘아이라고 욕하는 공무원이 어디 있어?" 그런데도 그는 사과하는 기색을 전혀 보이지 않고 오히려 나에게 퉁명스럽게 반항했다.

정당하게 항의했지만 다른 민원인들에게 업무 방해를 하는 사람으로 오해받을지 모르는 일이었다. 그렇다고 물러설 수도 없었다. 재차 "당신 공무원이 맞아? 등기소장 빨리 나와?"라고 큰소리로 외치면서 카운터에 앉아 있는 담당 공무원을 질책했다. 다른 사람이 겨우 반응을 보이기 시작했다. 총무과장이 나타나서 "죄송합니다. 제가 총무과장인데 다시 교육을 잘 시키겠습니다." 하고 사과를 했다.

나는 당사자가 사과만 하면 항의를 마무리하려 했다. 하지만 정작 당사자는 불만스런 표정으로 황소처럼 눈만 깜박거렸다. 등기소장을 빨리 오라고 큰소리를 쳤는데도 당사자는 아무 일이 없었던 것처럼 반응이 없었다. 등기소는 법원 관할이므로 나는 한술 더 떠서 "○○법원 총무과장 전화 바꿔!"라고 더 크게 소리쳤다. 사과할 때까지 강하게 밀어붙였다. 그제서야 당사자를 포함해 칠팔 명이 내 옆에 와서 고개를 숙인 채 사과를 했다. 분위기가 누그러지자 고참인 듯한 공무원이 조심스럽게 다가왔다. 내 신분을 밝혀내려는 듯 어디서 오셨느냐고 물었다. 잘못 대답했다간 관명 사칭으로 오해받을 것 같아 당당히 대답했다. "서울 효자동에서 왔소 왜?" 무심결에 거주지를 말해 버렸다.

그러자 공무원들이 수근거리며 벌벌 떨었다. "우리들은 죽었다. 청와대 감찰반에서 나오셨나 봐!" 그들만의 착각에 웃음이 절로 났지만 억지로 참았다. 총무과장이 근무를 중단하고 내 주변을 맴돌며 안절부절 했다. 소란을 피운 사이 다른 공무원이 그 여자 민원인한테 수수료도 받지 않고 등

기부 등본을 발급해 주었다. 내 뒤에 있는 민원인들은 이구동성으로 한번 혼날 줄 알았다고 또는 잘했다고 훈수를 해주었다. 훈계를 너무 오래 하면 공무 방해도 되고 더욱이 평범한 신분이 큰소리 친 것 자체가 무례이므로 이 정도로 경종을 울려주고 총무과장에게 "똑바로 하세요."라고 당부하고 그 등기소를 빨리 빠져 나왔다.

모처럼 힘없는 서민이 큰소리 한번 쳤더니 속이 시원했다.

※ 가톨릭신문 2016. 12. 11. 독자마당

36. 조선왕실의궤朝鮮王室儀軌

주일대사관 앞 정신대 소녀상의 두 주먹을 보시라! 정부는 2010년 9월에 일본의 간나오토[菅直人] 총리가 조선왕실의궤 반환을 약속하여 조선왕실의궤朝鮮王室儀軌가 한국에 돌아왔다.

조선왕실의궤朝鮮王室儀軌란 무엇인가?

일본 제국은 민족주의가 강한 명성황후가 조선을 침략하는데 가장 큰 걸림돌이 되어 조선 주재 일본 공사 미우라 고로가 지휘하여 '여우사냥'이란 작전암호명으로 1895년 10월

8일 새벽 6시에 조선훈련원 대대장 우범선의 밀고로 황후의 거처인 곤녕함에서 황후를 찾아내 일본 낭인(칼잡이)에 의해서 살해된 후 2시간 만에 시신을 불태우는 세계 역사상 유례없는 참담한 만행을 저질렀다. 이게 을미사변乙未事變이다.

명성황후를 시해한 칼은 칼집에 '일순전광자노호(一瞬電光刺老狐: 늙은 여우를 한 칼에 베었다)'라고 적혔으며, 조선의 심장을 찌른 칼로 현재 후쿠오카의 신사에 보관 중이다.

고종이 1897년 10월 12일 광무황제로 즉위 후에야 1897년 11월 22일 명성황후는 시신이 없어 유품만 남양주시 금곡동 홍릉洪陵에 안장되었다. 일국의 왕비를 늙은 여우라니. 오호-통재嗚呼痛哉라! 일본 왕비를 늙은 여우라 부르고 살해했다면 일본열도가 뒤집혔을 것이다. 더 기막힌 것은 명성황후의 장례를 기록한 조선왕실의궤朝鮮王室儀軌를 일본이 빼앗아갔다는 사실이다. 조선왕실의궤 환수위원회 사무처장 혜문스님이 오랜 노력으로 환수하게 되었다. 105년 만에 민족의 한이 이제야 역사의 매듭이 풀게 됐으니 웃어야 할지, 울어야 할지.

혜문스님의 저서 「의궤를 찾기 위한 만행의 길」에 의하면, 고영근은 1922년 홍릉에 '대한 고종태황제홍릉 명성황후부좌'란 비석을 사비를 들여 세웠으나, 일본은 '대한황제'라는 구절을 구실삼아 4년간 비석을 세우는 것을 저지했다고 한다. 그 후 고영근은 명성황후 시해에 가담한 우범선을 히로시마까지 쫓아가 죽이기도 했다. 우범선의 아들이 육종학자 우장춘(씨 없는 수박 개발자)이라는 대목에 역사의 아이러니에 가슴을 치고 싶다.

리비아의 가다피 국가 원수는 침략자 이탈리아군한테 처형당한 선배 독립군 사진을 가슴에 붙이고 이탈리아 지도자를 만났으며, 그 배짱에 큰 충격을 주어 당황케 했다. 싱가포르나 괌에는 일본에서 받아낸 돈으로 피해자 위령탑을 세웠으나 우리나라는 이런 사례를 본 적이 없다.

우리나라 외무부장관은 독도 방파제 기공식에 참석하려다가 일본을 의식한 나머지 참석을 포기해 버렸다. 장관은 배짱이 없고 벌벌 떠는 겁쟁이이며, 심지어 노무현 대통령마저도 적장 일본 천황에게 절을 했다고 하니 일본이 우리를 물렁하게 보는 것은 뻔하다. 그러기에 일제 강점기에 일본이 한국을 개발시켜 줬다느니 정신대는 자발적 접대라는 등 망언을 되풀이하는 데는 일리가 있다. 지도자들이 먼저 민족적 자존심을 세워주길 국민은 바라고 있다.

안중근 토마스 의사가 이토 히로부미를 1909년 10월 26일 저격한 후 일본 형사가 취조 시 "피의자는 왜 우리 총리에게 적의를 품고 저격 했느냐?"고 묻자 이에 안 의사는 "14년 전 이토 히로부미 주도하에 우리 국모인 명성황후를 시해했으니 이토 히로부미는 반드시 죽여야 한다."라 답하였다. 이 답변은 일본 형사를 놀라게 했다. 우리는 왜(倭)놈 대신에 일본인日本人으로 예우해 주는데 일본은 엄연히 정부 수립 후 공식 명칭이 있는데도 한국인韓國人이라 부르지 않고 지금도 굴종의 상징인 조센진朝鮮人으로 비아냥대고 있다. 우리나라가 역사적으로 통신사를 보내, 한학, 불교, 도자기, 두부, 한지 제조법을 전수해 준 스승 나라인데 지금에 와서 은혜를 모르고 스승나라의 국모를 시해했으니 이제 천벌을 받아 마땅하다.

반성 없는 일본에 화산이 터지고, 지진이 계속 발생하고 일사병으로 사람이 죽는 것은 하느님의 뜻이라고 전 도쿄지가가 말했다. 선진국이라고 자처하는 일본의 양식인이라면 도둑질해간 문화재를 모두 돌려주고, 강제 징용군의 임금을 보상해주는 것만이 인간의 도리다. 칼잡이 도요토미 히데요시[豊臣秀吉]가 힘이 넘쳐 "명나라를 치겠으니, 조선 땅을 비껴 달라."는 말과 오늘날 아베 수상이 외국에 집단 자위권을 행사하겠다는 말은 같은 의미이며, 이는 해괴망측한 잠꼬대와 같다. 1592년 임진왜란, 1598년 정유재란에 일본인이 조선 땅을 쑥대밭으로 만들었다. 특히 진주성 전투는 5만 명을 희생시켰으니, 당시 조선 전체 인구가 2,000만 명도 안 되었으니, 5만 명 희생은 엄청난 숫자이다. 지금도 진주지방은 당시 죽은 양민의 유골들이 발견된다.

당시 우리는 활로 공격했으나, 일본은 조총으로 공격했으니, 게임이 안 되었으며, 도요토미 히데요시의 사망으로 조선침략에 실패하면서 "두고 보자 언젠가는 다시 오겠다" 하더니 318년만인 1910년 8월 22일 한일 합병 되었으며, 일제에게 강점되어 암흑시대가 되었다.

이렇게 집요하게 한국을 침략하겠다는 야심이 있었고, 1923년 9월 1일 관동 대지진關東大地震 때 진도 7.9도로 도쿄와 관동 일대를 강타하자 일본 정부는 조선인이 우물에 독약을 뿌렸다고 헛공문을 내려 조선인 6,661명을 죽창으로 학살한 만행을 저질렀다. 2011년 3월 11일 동일본대지진 이

후 그 여진이 현재까지 10만여 건이 발생했으며 최근에 하코네산의 화산 폭발 등 일본 열도가 동시 다발적으로 발생하는 지진과 화산 때문에 공포에 떨고 있어 천재지변이 없는 한국 땅을 오래전부터 군침을 흘렸던 것인데, 이 이론이 바로 정한론이다. 과거 스승 나라인 대한제국을 1827년 무쓰히토 일왕은 한국을 정벌하자는 정한론征韓論을 제창했으니 실로 호랑이 새끼 키워준 후 호식虎食당한 꼴이니 그 배신행위에 치가 떨리고 한시도 방심해서는 안 되겠으며, 1868년 명치유신이후 정한론이 대두되어 요즘 혐한단체나 반한단체가 공공연히 활동하는데 실로 배은망덕하니 우리는 일본을 이겨야겠다.

특히 정치가들이 요즘처럼 부도덕하면 일본인에게 갑오경장 때 "일본이 조선의 치안을 책임지워 주겠다."며 군대를 파견하듯이 침략의 빌미를 주는 것이다. 오늘을 사는 불쌍한 한국인은 어떻게 살아야 할 것인가를 깨달아야 한다. 정치적으로 교육적으로 사회적으로 타락해가는 요즘 비극이 접근해 오고 있다는 사실을 우리는 특히 정치인들은 알고 있는지?

무역회사 시절 일부러 유관순 열사 우표를 중앙우체국에

서 구입하여 그 우표를 붙여 일본에 편지 보냈더니 일본에
서 이등박문 우표를 붙여 와서 이에 나는 다시 안중근 의사
우표를 붙여 보냈더니 일본 바이어가 항복한 예가 있다.

그러나 이 사건으로 일본에서 주문이 절반으로 줄었다.
그래도 애국심이 이겼으니 흐뭇했다.

우리나라는 일본의 야심을 항상 경계해야 한다.

37. 03:51:35의 쾌거

 삼국시대 우리는 일본에게 불교, 유학, 한학, 천문, 역법, 지리, 도자기 제조법, 두부 제조법, 한지 제조법 등 수많은 학문과 기술을 전수해줬다. 한때는 일본이 우리 사절단을 환대하여 스승의 예의를 갖추어줬다. 그러나 도요도미 히데요시에 이르러서는 스승을 집요하게 죽이기 위해 침략을 일삼는 등 배은망덕한 짓을 해왔다. 특히 1827년 무쓰히토 일왕은 한국을 정벌하는 방법을 논의하는 정한론征韓論을 제창하니, 실로 호랑이 새끼 키워준 후 호식虎食 당한 꼴이니 그 배신행위에 치가 떨리고 한시도 방심해서는 안되겠다.

이런 배신적이고 불손한 생각을 갖고 있는 이상 어찌 지진, 화산의 재앙을 면할 수 있을까? 1909년 10월 26일 안중근 의사는 침략의 원흉 이토 히로부미를 하얼빈 역에서 권총 3발로 암살하여 세계를 깜짝 놀라게 했지만 일본 침략의 야욕을 포기시키지는 못했다. 안중근 의사는 권총으로 피압박 민족의 원한을 풀었고, 27년 후인 1936년 11회 베를린 올림픽에서 손기정 선수는 발로써 그 한을 풀었다. 당시 암울했던 식민통치 시절 민족의 혼을 일깨워주는 수단은 오직 마라톤뿐이었다. 독립 국가로서는 1992년 제25회 스페인 바르셀로나 올림픽에서 황영조 선수가 2시간 13분 23초로 우승했다.

일반 마라톤은 단지 선수 자기와의 체력 싸움이지만 손기정 선수는 자기와의 싸움 이외에 한국과 일본과의 국가간 치열한 싸움이었으므로 뼛속까지 응어리져 눈물마저도 말라버린 승리는 지금의 승리보다 더욱 감격스러웠을 것이다. 하지만 2시간 29분 19초의 세계 신기록으로 우승하고도 기쁨 대신에 시상대에서 일장기를 가슴에 단 침울한 표정은 식민지의 서러움과 분통을 대변해줬다.

비록 늦은 감이 있지만 손기정 마라톤 정신을 이어받기

위해 올해(2005. 11. 27.) 제1회 손기정 평화마라톤 행사를 딸 손문영(64) 등 가족이 참석한 가운데 임진각에서 개최함은 의미가 크다. 해방된 오늘날 애국심을 고취시키고, 일본 침략 야욕에 경계심을 갖추는데 의미가 있으며, 우리가 해방이 되었지만 남북이 분단되어 있으니 통일을 조기에 달성하자는 뜻에서 임진각을 택한 것 같다. 본 대회가 이런 민족의 한이 있으므로 나는 이 대회 풀코스를 오래 전부터 갈망해 왔다.

2005년 11월 27일 오전 10시, 금년의 마지막을 장식키 위해 우리의 지도자인 손기정 선수의 정신을 계승하고 대한육상연맹에서 공인한 행사의 풀코스에 대해 호감이 갔다.

안개가 자욱한 자유로를 헤치고 임진각에 도착한 시각은 오전 8시 반. 지척을 분간할 수 없어 착잡한 달림이들의 심정 같다. 스트레칭하면서 두리번거려도 우리 가톨릭 마라톤 회원은 눈에 띄지 않는다. 초조하지만 어제 특전 미사를 올렸기 때문에 성모님께서 지켜줄 것 같다.

우리 회원 봉사자도, 응원군도 없으니 믿는 건 오직 자신뿐이다. 날씨가 덥거나 춥지 않아 하느님께서 도운 것 같다.

그러나 주로가 크고 작은 언덕이 8개나 있어 만만치 않아 이를 정복하려니 유격훈련 같고, 차량이 2차선 통행이 허용된 상태라 줄곧 뒤를 돌아보며 달리는 부담이 있었다. 남산의 훈련을 이곳에서 써 먹었다. 출발 5km 지점까지 몸이 풀리지 않아 전진이 안 되었다. 여우고개에서 3:40 페이스메이커 조동철 씨와 임정수 씨를 만났다. 죽더라도 이들을 따르자고 결심했다. 10여 명이 그 주변에 그룹을 지어 단체로 달렸다.

런닝 차트대로 25km지점 02:15 통과했으나 페이스메이커를 놓쳤다. 분당 컴푸 선수 7~8명이 인솔자의 호르라기에 맞춰 질주했다. 그 인솔자가 "아저씨, 우리 따라오다가 졸도하니 더 이상 따라오지 마세요."라고 말한다.

쉬고 싶고, 걷고 싶었으나 고통을 참고 손기정 선수의 심정으로 오기로 뛰었다. 30km 지점 02:43 통과, 35km 지점을 03:10에 통과까지는 무난히 성공했으나 40km 지점부터는 탈진하여 03:37이어야 하는데 03:39로 2분 처졌다.
언덕을 올라챌 땐 손바닥을 칼날처럼 세워 앞뒤로 힘차게 내리쳤다. 왼손을 제칠 땐 "손기정" 오른손을 제칠 땐 "마라톤"을 외쳤다. 100m 전방의 베테랑급 선수를 일본선

수라 간주하고 제치고, 또 제치는 등 추월은 모두 언덕에서 이뤄졌다. 음료수도, 바나나도 달리면서 먹었다. 동아대회 이후 매일 발로 60kg 역기 100회, 허리 굽혀 세우기 60회 훈련 덕분에 무릎이나 허리가 통증이 없어 달리는데 지장이 없는데 호흡이 곤란했다.

마지막 고개를 지나니 내리막길이었다. 지루하여 땅만 보고 무의식 상태에서 달렸다. 드디어 남은 거리 '1㎞'라는 표시판이 보였다. 마이크 소리가 요란한 걸 보니 골인 지점이 가까이 온 것 같은데 발을 옮겨도 거리가 줄지 않는다.

최후의 발악으로 게거품을 물고 골인했으니 03:51:35의 쾌거로, 60대 3위 입상. 동아대회보다 9분 단축했다. 이 기록은 2006년 11월 19일 강남마라톤 때 달성한 풀코스 최단 기록인 03:48:15 보다 3분 늦지만 보스톤 참가 티켓 4시간은 이미 획득했으므로 충분한 기록이다. 이런 놀라운 기록은 나의 체력과 정신력의 총화이므로 앞으로 건강에 더욱 유의해야겠다.

38. 압록강 마라톤 참가기

2006년 5월 19일 인천 연안부두에서 출항시간에 쫓겨 허겁지겁 승선했더니 정작 출발은 1시간 지연되어 떠났다. 중국인은 시간 개념이 아직도 없나보다. 퇴색한 1만 톤급 페리호가 상어처럼 입을 벌리고 인간이든 화물이든 지게차든 집어 삼키더니 둔탁한 뱃고동을 내며 인천항을 미끄러진 후 북서쪽을 향해 달려본다. 부두엔 전송할 사람 있을 리 없고 갈매기 떼만이 공해상까지 전송해준다. 갑판 위에서 던져주는 새우깡을 날쌔게 낚아챈다. 엔진소리 때문에 잠 못 이뤄 갑판 위에 나가봤다.

"창공에 빛난 별 물위에 어리어 바람은 고요히 불어오누나. 내 배는 살같이 바다를 지난다. 산타루치아~" 불러본다. 칠흑 같은 밤바다 위를 겨우 18.6 노트로 굼벵이처럼 느릿느릿 간다. 빈자(貧者)의 여행은 서럽지만 그런대로 낭만이 있어 즐겁다.

호텔에서 출발 장소에 1시간 전에 도착. 제1회라 그런지 행사 준비와 봉사 방식이 아직은 미숙하다. 이동식 화장실도 없고, 칩도 전자패드도 없고, 단동시 여자 부시장의 권총 소리로 출발했다.

2,200여 명 중 한국인이 200명도 정도지만 우승보다 역사적 의미를 갖고 배번 21042를 달고 하프를 뛰었다. 가마동은 혼자라 외롭지만 가톨릭 티셔츠를 입고 달렸다.

중국인들은 손을 좌우로 흔드는 자, 고개를 앞뒤로 끄덕끄덕거리는 자, 발을 힘주어 꿍떵거리는 자, 한결같이 기합소리를 내며 달리는 자 등 가지각색인데 우리 최 코치나 박 코치가 교정해줬으면 좋겠다.

여자는 극히 드물었으며, 응원객은 중국 민속 악기와 민속춤으로 요란했으며, 음료수는 물컵 없이 패트병 째로 주어 두어 모금 마시고 던지면 아낙네들이 잽싸게 가져간다.

더운 초여름 날씨인데도 구경꾼들은 묵직한 오바, 가죽 잠바를 걸친 채 "짜이올짜이올(힘내라)"을 연호한다. 압록강을 우측으로 끼고 압록강 철교 밑을 지나 강하구로 달렸다. 압록강 물은 황갈색에 물살이 쎄었다. 신의주 뚝에서 북한 주민들이 손을 흔들어댔다. 다음에는 단동이 아닌 신의주에서 달렸으면 좋겠다. 우리는 위화도 끝에서 이성계회군처럼 반환하여 강을 거슬러 올라 결승점에 골인했다. 우승은 모두 중국인에게 뺏겼다. 하프를 국가 대표급들이 70분대에 골인하니 기죽여준다. 우리 팀 입상은 엄두도 못내고 한국인 중 25위로 겨우 01:49:13에 골인했으니 평년작이다.

압록강은 총길이 925km로 국내에서 최장, 깊이 123m, 큰 강폭 2,000m의 중국과 북한과 국경 하천으로 103개 섬 중 북한이 100개 관리한다. 압록강 철교는 총연장 944.6m로 한국 전 때 북한 부분만 1/2이 폭파되었으며, 현재 관광 명소로 이용 중이다. 이성계는 고려 우왕으로부터 명나라를 치라는 명령을 거역하고 1388년 5월 20일 위화도에서 회군하여 쿠데타를 일으켜 고려왕조를 무너뜨리고 이씨 조선을 창건했다.

단동에서 통화까지 장장 9시간을 비포장도로를 달려 통화通化에 도착, 1박 후 백두산으로 향했다. 중국 농촌은 우리의 60년대 보릿고개 같다. 모두 흙담집인데 집마다 커다란 문패를 붙였고 마당 구석에 옥수수 창고가 있다. 강우량이 적어 벼농사보다 옥수수가 적격이다. 저런 집에 빈대와 모기는 얼마나 많을까? 식구가 모두 들에 나가 낮에는 텅텅 비어 있고, 다만 오리 20여 마리가 주인이 간섭하지 않더라도 아침이면 개천에 스스로 나갔다가 해 저물면 줄줄이 집을 찾아온다는 것이 신기하다. 위생 시설도, 문화 시설도, 교육 혜택도 없이 정치에는 관심 없고 먹고, 자고, 짝짓기만 하며 동물 본능적으로만 산다. 조상의 묘소처리는 유골을 묻고 모래성을 쌓은 후 꼭대기에 막대기만 박아 놨다.

공자의 나라에서 효孝는 팽개친 지 오래다. 어쩌면 이런 삶이 골치 아프지 않아 행복해 보일지 모른다. 우리가 풍요하다는 것을 여기 와서 깨달았으며, 감사할 뿐이다.

6시간을 휴식 없이 달려 백두산 입구에 도착하니 갑자기 춥고 소나무, 자작나무, 잡목들이 울창하여 금방으로라도 맹수가 나올 것 같이 음산했다. 해발 2,500m지점에 나무로 생계를 이어가는 송강하松江河라는 도시가 나타났는데 도대체 사람이 보이지 않는 공동 도시다. 산불방지에 무척 신경 썼으며, 지프차 6대에 분승한 후 천지 정상을 향해 빽빽한 원시림 숲속을 달렸다. 눈이 가슴까지 쌓였고 아스팔트길이 좁아 일방도로를 엉금엉금 기어갔다. 천지 800m 전방에 도달하니 도로가 끊겨 행군해야 하는데 중국 경비원이 사고 예방을 위해 차단시켰다.

정상은 흰눈과 구름 속에 떠있어 백두산白頭山이란 의미가 있는 것 같다. 일생에 한두 번 올까말까 한 기회이므로 돌격 앞으로 했지만 실패다. 잘못했다간 삼천궁녀 꼴 될 것 같아 눈물을 머금고 포기했다. 백 번 왔다가 두 번 성공한다 해서 백두산이란 말도 있다. 천지는 속세에 오염된 자는 접근이 허용되지 않는 것 같다. 너무나 아쉬워 눈밭에서 뒹구는 자, 함성을 지르는 자, 흰 눈을 병에 넣는 자, 소주를 마시며 "선구자"를 부르는 자, 모두 떠나길 싫어했다.

압록강, 두만강, 중국 송화강의 발원지가 이 백두산이다. 하산하여 대협곡으로 향했다. 빙하가 지나간 자국으로 130m 낭떠러지에 풍수에 씻긴 바위들이 칼날같이 서 있고 손가락으로 건들기만 하면 넘어질 것 같은데 수천 년을 버티고 있으며 꼭대기에 소나무 한 그루가 지조를 지키고 있어 조마조마하다. 너무 장엄하고, 신비하여 민족의 영산으로 추앙받을 만하기에 남북한 국가國歌 가사에 공히 이 "백두산 (중국에서는 장백산이라 부름)"이란 말이 들어있다.

광개토대왕비는 후세에 중국인 자기 땅이라고 우기는 것을 막기 위하여 집안시集安市 들판에 말뚝을 박아 놓았는데 역시 예상했던 대로 중국인이 무척 우기니 모두가 거짓말이다. 고구려 때 연개소문이 당나라군을 살수에서 쳐부수고, 광개토대왕이 소국으로서 만주벌판을 정복할 때 대국에 대항할 정도의 군사력과 전술전략이 상상만 해도 대단하다. 그 광활한 만주 땅을 중국에 빼앗기고. 이제는 동북공정이란 미명 아래 그 비마저 중국 변방의 부족 국가 작품으로 조작하려니 이 문화재마저도 뺏길까 두렵다.

먼 조상들이 개척한 땅을 뺏긴 우리 후손으로서 부끄러울 뿐이며, 좁은 땅에서 우리 식구끼리 싸우니 조상 볼 면목이 없다. 김일성이 이 실지를 회복하지 않고 남쪽의 동족에게 총부리를 겨눴다는 것을 이분이 아셨다면 무척 호통 쳤을 것이다. 이분이야 말로 민족의 영웅이시다. 특히 오늘날 정치인들이 이곳에 많이 와서 조상들의 숨결을 느끼고 그 마음을 새겨서 광개토대왕처럼 큰 인물로 변화했으면 좋겠다.

광개토대왕은 고구려 제19대왕으로서 재위 391~412 동안 영락永樂이라는 연호를 사용했고, 사후 시호는 국강상광개토경평안호태왕國岡上廣開土境平安好太王이며, 재위 기간 고구려의 영역을 크게 확장시켜서는 요하, 북은 개원開原~영안寧安, 동은 훈춘琿春, 남은 충주중원(고구려탑이 있음)에 이르렀다. 이분이야말로 진짜 민족의 영웅이시다. 1대에서 19대까지 업적을 기념하기 위하여 아들인 장수왕이 414년에 세운 비석이 광개토대왕비이다. 이 비석은 사면석 비四面石 碑로서 집안시(中國 吉林省 通化專區 集安市)의 시청 소재지인 통구성通構城으로부터 동북쪽 약 4.5km지점인 태왕촌 대비가 太王村 大碑街 들판에 서 있으며, 비의 서남쪽 약 300m지점에 대왕의 능으로 추정되는 태왕릉(太王陵, 광개토대왕능)이 있으며, 200m 떨어진 곳에 장수왕능이 12.4m 높이로 피라밑처럼 버티고 있다. 현재는 1982년에 중국 당국에 의하여 새로 건립된 비각 속에 있으며, 비 주위에는 철책이 설치되어 있다.

광개토대왕비는 너비 1.35m~2.0m, 높이 6.39m에 달하는 한국 최대의 크기로 개석蓋石이 없는 고구려 석비 특유의 형태다. 비신의 사면에는 한예漢隷의 팔분서八分書에 가까운 고구려 특유의 웅혼한 필체로 14~15cm 정도 크기의 문자가 음각陰刻되어 있으며, 현재에는 5㎜ 깊이의 흔적이 남아 있으며, 비신의 4면에는 모두 44행 1,775자의 문자로 되어 있는데 2004년 7월에 UN에서 세계유산으로 지정되었다.

 이번 여행은 마라톤을 겸한 압록강, 백두산, 광개토대왕비는 역사적으로 의미가 깊었으며, 어느 여행보다 즐거워서 SNB여행사에 감사를 드린다. 이번 여행을 통해서 훌륭하신 마라톤 동호인을 만나 반가웠으며, 앞으로도 우정을 나누길 원한다.
 백두산 줄기마다, 압록강 구비마다 더듬어 봤지만 피어린 자국은 분명히 없었다는 점을 강조한다.

39. 딸 따라 프랑스 여행

우리 부부는 원님 덕분에 나팔 분다고 막내딸 초청받고 2008년 10월 21일 대한항공에 몸을 싣고, 인천공항을 출발하여 파리로 향했다. 서쪽의 지는 해를 따라 날아가니 가도 가도 해는 중천에 떠 있으며, 중국 상공을 지날 때 Air poket 현상으로 기체가 심히 흔들렸다. 편서풍을 거슬러 비행한 탓으로 11시간 42분(귀국 시는 9시간)이나 걸려 현지 시각 오후 6시 30분에 파리 샤를드골 국제공항에 도착했다. 공항은 한산했으며 을씨년스럽게 이슬비가 내렸다.

어둑한데도 막내딸이 어미 아비를 용케도 알아본다. 왠

지 많은 스님들이 눈에 보여 의아하게 생각했으나 이발비를 아끼기 위해 머리털을 면도로 밀어버린 구두쇠들이었다. 건물 높이와 건물 구조가 비슷하여 촌놈은 집 찾기가 어려울 것 같다. 디자인과 미적 손질이 아름다웠으며, 건물들이 경계가 없는 것이 특색이었다. 낙엽 진 도로를 진공청소기가 부착된 청소차가 지나가며, 거리의 낙엽을 흡입해서 유기거름으로 사용한다고 했다. 시민들은 문화의식이 높아 서두르지 않았으며 교통질서를 잘 지키니 교통순경이 보이지 않았다.

10대들은 롤러스케이트를 타고 거리를 질주하고, 심지어 여학생은 양손에 계란을 들고 서커스 단원처럼 외발 자전거를 타고 다니는 걸 보고 놀랐다. 슈퍼마켓에는 처음 본 과일이 많았으며, 닭고기, 오리고기, 토끼고기는 몸통은 털이나 가죽을 벗기고 머리는 그대로 놔두어 소비자들이 징그럽지만, 알기 쉽게 진열해 놨다. 복지 제도는 잘되었는데 소형차량 이용 등 물가가 비싸 검소의식이 몸에 배었다. 프랑스가 유럽연합의 의장국이라 에펠탑을 파란색으로 조명했으며, 관광객이 군중같이 많았으며, 밤인데도 젊은이들 10여 명이 달리고 있어 생동감이 있어 미래가 밝게 보였다.

두 번째 날. 우리는 전문 여행사에 의지하지 않고 사위가 벤츠로 파리에서 서쪽으로 500km를 4시간 몰아서 북해 바다 노르망디에 위치한 몽생미셸 사원에 도착했다. 오랜만에 딸 부부와 삶의 이야기를 나누니 1석 2조라 여행 묘미가 있어 그런대로 보람된 여행이었다. 사위가 프랑스 거주 5차년차라 운전이나 길 안내가 꺼림칙했으나 사전에 인터넷으로 조사를 많이 한 탓으로 불편은 없었고, 샛길 도로나 인터체인지를 잘 빠져 나간 걸 보니 안심해도 되겠다. 밀물 땐 섬이 되었다가 썰물 땐 육지가 되는 유명한 관광지로 그날은 다행히 썰물이라 차로 수도원 문턱까지 접근할 수 있었다.

제방 겸 도로가 5km 정도 펼쳐 있는데 좌측은 바다요 우측은 갈대밭이라 주로로서 너무 좋아 가톨릭 마라톤 동우회원들에게 보여주고 싶었다. 몽생미셸이란 '성 미카엘의 산'이라는 의미로 옛날에 거대한 용이 자주 나타나 마을 사람들을 잡아먹자 왕이 군대를 보냈으며, 군대가 도착했을 때 이미 용은 죽어 있었고, 용의 주변에는 칼과 방패가 발견됐다. 이를 본 사람들은 미카엘 천사가 용을 죽였다고 믿었다. 이 때문에 몽생미셸 정상에는 미카엘의 동상이 우뚝 서 있고 발밑에는 용의 조각상이 놓여 있다. 몽생미셸은 처음에는 목조 건물이었으나, 프랑스 왕과 노르망디 공국의 도움으로 100년 동안 증축을 거듭해 오늘날과 같은 모습을 갖췄다. 몽생미셸 안에 수도원은 3층 짜리 고딕 양식으로 미로처럼 구성되어 있고 3층에는 정원도 있다. 80m 바위 위에 있는 몽생미셸의 높이는 157m나 되며, 이 섬 안에 호텔, 쇼핑센타, 식당 등이 오밀조밀하여 동화 나라처럼 커다란 작품이었다.

셋째 날에는 소뮈르성을 찾았다. 프랑스 소뮈르 마을에 위치한 성으로, 강물이 건물 앞뒤로 흘러 10세기에 건축한 천연 요새로써 그 강물에는 잉어들이 유유히 노닐었다.

성 주변에는 500년 이상의 플파타너스 나무 숲이 있어 그당시 귀족의 위세를 말해 주었으며, 이름 모를 산새들의 합창소리가 아름다웠다. 1067년에 붕괴된 후, 이 샤토(섬)는 강력한 플랜태저넷 왕가의 일족에 의해 재건축되었다.

루이 14세, 루이 15세의 거처로 사용되기도 했으며 후에는 감옥과 병사들의 숙소로도 사용되었다. 현재는 2층에 장식 예술 박물관이 있으며 3층에는 승마 박물관이 있다

넷째 날. 아제르리도성을 관광했다. 앵드르 강을 가로지르는 섬 위에 고고하게 서 있는 아제르리도성은 프랑스의 소설가 발 자크가 '앵드르의 보석'이라고 극찬했을 만큼 루와르 지역의 고성 중 가장 품위 있고 여성스럽다

소박하고 검소한 것 같지만 그 도도함이 하늘을 찌를 듯한 이 성은 16세기 초 프랑소와 1세의 재무상이었던 질 베르틀로가 자신의 재산을 과시하며 고딕 양식으로 지었으며, 성 주변에는 역시 적들을 피하기 위해서 하천을 깊게 파놨으나 지금은 물은 없고 토끼들을 방목했다. 주변에는 청포도 밭이 많으며 이곳 포도는 프랑스에서 유명한 포도주의 원료라 했다. 프랑스 관광지는 대륙이라 장엄하고 건축양식이 일일히 혼을 불어 넣어 미려하고 하나하나가 의미가 있어 우리가 배울 점이 많았다.

넷째 날. 파리에서 850km 떨어진 루르드 성모님 발현지로 향했다. 달려도 달려도 산은 없고 평야다. 우리 갈대꽃은 갈색인데, 이곳의 갈대꽃은 양털처럼 희여서 욕심났다.
평야이므로 공해가 없어 구름이 무척 아름다웠다. 구름은 빗자루로 쓴 것 같았다가 목화송이 같았다가, 선녀의 날개 같기도 했다가 양무리 같기도 했다. 마치 하느님이 동방

의 여행객을 위해 하늘에다 인형극을 펼친 것 같아 감동적이었다. 농장에 대형 농기계가 많은 걸 보니 기업 농업인 것 같았다. 피레네 산맥의 북쪽 기슭, 해발 고도 400m 지점에 위치하여, 가브드포강工이 발현지 밑으로 세차게 흘러가 도시가 깨끗했으며, 산등성이의 십자가 길은 실물 크기의 예수님, 로마 병사, 사도들이 고난의 길을 재현하여 보는 이로 하여금 섬찟하게 만들었다.

1858년 베르나데트라는 14세 소녀가 이곳에 있는 마사비엘의 동굴에서 18회에 걸쳐 성모마리아를 보고, 기도와 보속 행위, 생활의 회개를 촉구하는 메시지를 들었다고 전해진 후 해마다 세계 각지로부터 300만이 넘는 순례자가 찾아오는 유명한 순례지가 되어 관광 수입이 엄청나게 많은 성모님이 주신 성스런 곳이다. 또한 동굴 속에서 솟는 샘물은 성수聖水로서 병 치료에 신통한 효험이 있어 이를 찾는 신도와 환자들이 많으며, 이 성수의 내력이 세계 각국 나라말로 벽에 적혀 있는데 "이 물을 마시고 씻어라, 그러면 병이 나으리라." 한글로도 적혀 있어 반가웠다. 여기에는 성당이 2곳이 있는데, 세계 각국에서 순례 온 환자들이 즐비했으며, 100여 명의 수녀님들이 입구에서 휠체어로 성당까지 안내해주는 봉사를 했다. 그 입구에는 완치된 사람들이 두고 간

수많은 목발들이 걸려 있었다. 베르나데트 생가의 물레방 앗간이 보존되어 있다.

1876년에 창건된 루르드 성당이 있고, 1958년 성모 출현의 기적 100년을 기념하여 건립된 프리스트레스트 콘크리트 지하교회가 있다. 루르드 성모님 발현지를 와보니 천국 문턱에 온 것 같았으며, 인생을 하느님의 가르침대로 살아야겠다는 것을 느꼈다.

마지막 코스로 베타랑 동굴을 찾았다. 1810년에 발견되었고 1903년에 대중들에게 공개된 관광지로 마치 집처럼 5층으로 구성되어 있고 각 층은 각기 다른 시대에 형성되었다. 80미터의 높이의 고저차가 있으며 입구에서부터 산의 출구까지 3.5km에 달하는 지하수를 동굴 곳곳에서 발견할 수 있었다. 석회암이 빗물에 녹아 갖가지 형상으로 나타나 기이했으며, 100년에 겨우 3cm 자란다고 설명했다. 명소마다 녹음된 마이크가 부착되어 있어 안내자가 벽에 부착한 녹음기 버튼만 누르면 처렁처렁하게 방송이 울려 펴졌다. 호수도 있어 배도 타보고, 소형 전동차를 타고 출구로 나왔다. 프랑스는 선진국이므로 법규나 제도가 국민 위주로 제정되었으며, 복지 제도가 잘되어 부러웠다.

40. 사촌이 논 사면 아직도 배가 아픈가

남이 장군의 희생

남이南怡장군은 태종의 외종손으로 20세에 여진족을 토벌했고, 이시애난을 평정했으며, 이때 '북녘으로 출정하며' 유명한 7언 한시를 지었다

白頭山石磨刀盡; 백두산은 칼 갈아 없애고
頭滿江水飮馬無; 두만강 물을 말에게 먹여 없애니
男兒二十未平國; 남아 20세에 나라를 평정하지 못하면
後世誰稱大丈夫; 훗날 누가 대장부라 부를 것인가?

당시 유자광 일파는 남이장군을 시기하여 미평국未平國을 미득국未得國(나라를 얻지 못하면)으로 조작한 후 역모로 상소하여 세조 25년(1468년) 28세에 병조판서(현 국방장관)에 오른 남이 장군 본인과 장인, 침모 등 25명이나 새남터에서 능지처참을 명했다.

남이 장군 묘는 남이섬에 있다고 하나 이는 가묘일 뿐 실제는 경기도 화성군 비봉면에 있다.

소방 공무원의 좌절

서울 어느 소방서의 부서장이 근무 성적이 우수하여 년말대통령 표창 대상이 되었으나, 동료 경쟁자가 감사원에 투서를 하여 대상에서 탈락되었으며 결국 타 소방서에 빼앗겼다. 수상식이 끝난 후 감사원에서 진상 조사를 한 결과 그 투서는 전부 모략이므로 투서자는 처벌받았다.

해외 한인교포사회

뉴욕 맨해튼가에 유명한 한식당이 있다. 교포가 옆 건물에 한식당을 개업했다. 아무리 음식을 맛있게 장만해도 먼저 개업한 한식당보다 손님이 적어 매상이 오르지 않았다.

어느 날 새로 개업한 식당 주인이 유명한 식당에 가서 곰탕을 시켜 자기 머리칼을 3~4개 뽑아 국물에 넣어 위생 보건소에 가서 불량 업소라고 신고했다. 유명한 식당은 3개월간 영업 정지가 나왔으며, 새 식당은 그 기간에 장사가 잘될 줄 알았는데 평소보다 손님이 없었다. DNA 검사를 했더라면 영업 정지는 당하지 않았을 것이다.

해외 한인 교포사회에서는 어디서나 상호 비방, 모략, 중상하는 폐습이 많아 대질, 사과, 심지어 법적 문제까지 번지고 있는 실정이다.

일본의 음대 학생이 야간에 업소에서 아르바이트로 학비를 조달했다. 노래 실력이 뛰어나 유부녀와 스캔들에 말리게 되었으며, 유부녀의 남편이 간통으로 구속하려 했다. 같은 반 동료들이 등록금의 일부를 기부하여 그 학생에게 최신형 오토바이와 유학비를 마련해주어 오토바이를 타고 육로로 오스트리아로 유학 갔다. 그는 세계적인 음악가 되어 귀국했을 때는 공소 시효도 지나 편안하게 살았다.

LA에서 일본 교민이 슈퍼마켓을 개업하려니 자금이 1/3이 부족하여 쩔쩔 매고 있었다. 일본 교민단체에서 대책 회의를 열어 이 개업자에게 모금 운동을 전개하여 부족분을 초과하여 잔금을 밀어줘서 그 슈퍼마켓은 크게 성공했다. 일제 강점기 때 일본 관리들은 한국인이 자기 민족을 비방하는 성격을 역이용하여 한국인을 시켜 한국인을 치는 즉 이간질하는 소위 이조치조以朝治朝 정책을 폈다.

2002년 1월 26일 주한 미국 상공회의소 제프리 존슨 회장이 "한국인은 남의 성공을 깎아내리지 말고 비난, 폄하하는 대신 축하의 박수를 보내는 습관을 가져야 한다."라고 했다.

사촌이 논 사면 아직도 배가 아픈가? 공을 벽에 세게 치면 자기가 맞는다. 마지막으로 여러분 모두 눈을 감으시오. 자기 일생 중 남을 비방, 시기를 한번이라도 하신 분 있으면 조용히 손들어 보시오.

이건 질책하려는 것이 아니고 스스로 반성하려는 것입니다. 저도 남을 여러 번 비방, 시기 했습니다. 제 강의를 경청해주셔서 감사합니다.

41. 밥도 못 먹게 자꾸 물어요

매년 가정의 달인 오월이 오면 숙모님 은혜에 숙연해진다. 목련꽃을 볼 때마다 숙모님이 생각난다. 잿빛 나목이 아직도 한기로 오돌거리는데 목련꽃은 이른 봄에 맨 처음 피어 세상을 향기롭게 한다. 국난의 회오리 속에 공비 토벌로 아버지를 잃어 어머니 보살핌으로 중학교를 겨우 마친 후 청소년 시절인 고등학교 시절부터는 캥거루처럼 숙부님 밑에서 자랐으므로 은혜는 깊고 보답은 얕아 인간의 도리를 다하지 못해 미안했다.

숙부님은 박봉의 어려운 살림인데도 콩 한 조각이라도

나눠 먹이며 조카 삼 남매를 친자식들처럼 키워주셨다. 당시 숙부님은 공무원이었는데 승진하여 서울로 가시면서 광주의 집을 빨리 팔아 서울로 송금하라고 당부하셨다. 나는 군대에서 제대하여 세상 물정을 모르는 사회 초년생이므로 집을 싸게 팔거나 늦게 팔면 숙부님께 누를 끼칠까봐 걱정되었다.

대여섯 군데 복덕방에 집을 내놓고 매일 애타게 기다렸더니 드디어 열흘 만에 매수자가 나타났다. 기쁜 마음으로 복덕방 사무실을 허겁지겁 갔더니 뜻밖에도 나의 고등학교 은사이셨다. 계약 당일에는 계약금으로 부동산 매매 대금의 십 퍼센트는 정상적으로 받았다. 그러나 보름 후에 받기로 약정했던 중도금은 자꾸 미루시었다.

당시 부동산 중개인은 계약만 성사시켰을 뿐이지 뒤처리는 관여하지 않아 아쉬운 자가 우물을 파듯이 매도자가 선생님께 중도금을 독촉하려니 입장이 난처했다. 어렵사리 선생님을 만났으나 돈은 주지 않고 제자 앞에서 갑자기 큰 소리로 울기 시작했다. 내가 돈이 없어 제자한테 서러움을 당한다면서 중도금이 절반만 준비되었다고 하소연할 때는 무척 난감했다. 선생님을 위로하다보니 돈 받은 것을 잊어

버릴 정도였다. 매수자가 선생님이시기에 울컥하는 감정을 억누르고 슬기롭게 돈 받기란 쉽지 않았다. 그래서 묘안을 찾기 위해 고심했다.

선생님이 교육 공무원이시니 재직증명으로 은행에서 대출을 쉽게 받을 수 있다고 선생님께 귀띔해 드렸더니 손쉽게 대출받아 중도금과 잔금 문제가 해결되었다. 이 과정에서 선생님에게 제가 매몰찬 인간으로 비춰졌을까 마음 한구석이 미안했다.

이십대 후반에 육군 중위로 전역했지만 경제적으로 독립할 수가 없어 서울에 사시는 숙부님 댁에서 다시 더부살이를 했다. 취업 준비를 위해 학원에 등록했다. 육군 중위의 쥐꼬리만 한 전역비를 털어서 겨우 삼 개월 치 학원비를 냈으나, 사 개월째 학원비가 밀렸다. 어느 날 아침 식사 중 숙부님이 영등포에 계시던 ○○○가 작고했으니 조문을 다녀오라며 조위금을 주셨다. 이 돈으로 조위금을 낼까 학원비를 낼까 갈등했다. 식사를 마치고 학원에 가려는데 학원에서 오늘 중으로 재등록을 하라는 독촉 전화가 왔다. 조급한 마음으로 그만 조위금으로 학원비를 내고 말았다.

다음 날 아침 식사 중에 숙부님께서 조위금 잘 전달했느냐고 자세히 물어보셨다. 몇 시에 갔느냐? 누굴 만났느냐? 등 자세히 물으시니 수저가 입까지 가는데 십 리 길처럼 멀리 느껴졌다. 부득이 조위금을 학원비로 비겁하게 오용한 방법을 택한 자신이 왜소해진 것 같았다. 등줄기에 땀이 났다. 대답도 못하고 이 순간이 빨리 지나갔으면 싶었는데 그때 숙모님께서 큰 소리로 숙부님의 말을 막았다. "다 큰 아이인데 심부름을 안 갔겠어요. 밥도 못 먹게 자꾸 물어요." 그 날 오후 학원에서 집에 오니 숙모님께선 눈치 채고 별도로 조위금을 주셨다. 즉시 상가喪家에 가서 조위금을 전달했다. '미움은 싸움을 일으키지만 사랑은 모든 허물을 덮어준다.(잠언10:12)'

숙모님은 시골 출신으로 초등학교만 졸업하셨지만 향교의 전교典校이신 조부님 밑에서 가정교육을 훌륭하게 받으셨기에 생각이 깊고 덕을 많이 베푸셨다. 옛날, 꼬마 신랑이 부엌에서 아내에게 밥을 빨리 달라고 칭얼대므로 홧김에 신랑을 지붕 위로 던져버렸다. 들에서 돌아온 시어머니가 왜 지붕 위에 있느냐고 물었을 때 새색시는 가슴이 콩당거렸다. 그 꼬마 신랑은 박이 익었는가 확인하려 지붕에 올라왔다라고 재치있게 대답했다. 숙모님과 꼬마 신랑의 따뜻한 사랑이 목련꽃처럼 향기로우니 학벌인들 무슨 의미가 있으랴! 백 마디 훈계보다 한 번의 숙모님의 따뜻한 사랑에 깊은 감명을 받았으며 마음속 깊이 각인되어 일생 동안 삶의 지침이 되었다. 숙부님은 다그쳐서 섭섭했으나 숙모님은 내 마음을 알아 주셔서 고마웠다.

숙모님은 그때 학원비가 없어 주저하던 내 마음을 감지하여 도와주셨는데 나는 지금 칠십을 넘었는데도 숙모님 마음을 헤아리지 못하니 미안한 마음 그지없다. 요즘 수척하신 숙모님을 대할 때 눈물이 그렁그렁 젖어 말문이 멈칫했다. 외로울 때 다정한 말벗이 되어드리고 정성껏 모시겠다고 다짐을 했지만 기껏 명절 때와 생신 때에 조그마한 치레는 구우일모九牛一毛에 불과했으니 어찌 숙모님의 큰 사랑에 보답하랴! 어우렁더우렁하다가 세월만 덧없이 흘러가서 조카로서의 도리를 다하지 못해 숙모님께 항상 죄송할 뿐이다. 그윽한 목련꽃 향기 같은 사랑이 있으신 우리 숙모님, 부디 만병장수하시길 빌고 또 빌어본다.

※ 가톨릭신문 2022. 10. 16. 독자마당.

42. 육체미는 예술의 극치

 마라톤이나 암벽타기, 윈도우 서핑운동은 몸의 균형에 관계없이 대회에 출전할 수 있다. 그러나 육체미나 권투, 레슬링은 개체측량의 관문을 통과해야만 출전이 가능하다. 육체미 운동이란 체력 단련을 통해서 '美'를 추구하기에 모든 운동 중에서 '미' 자가 있는 운동이 오직 육체미 한 종목이다. 신체 조건이 해부학적으로 균형이 잡혀야 한다. 첫째 대한민국 남녀 표준 체형의 체중은 신장에서 100숫자를 뺀 수치이어야 출전 자격이 있다. 예컨대, 내 경우 신장 163.7cm 이므로 체중이 63kg(163.7~100)로 개체측량에 통과되었다. 둘째, 체질량 지수는 몸무게(kg기준)를 키(m기준)의 제곱으로 나눈 값이다. 예컨대 키가 1.60m이고, 몸무게 60kg인 사람의 체질량지수는 60kg÷(1.6mX1.6m)=23.4가 된다.

그 수치가 20 미만일 때를 저체중, 20~24일 때를 정상체중, 25~30일 때를 경도비만, 30 이상인 경우에는 비만으로 보는데 육체미 출전은 24 미만이어야 한다.

본격적인 심사는 무대 평가인데 몸을 구릿빛으로 보이기 위해 태닝로션을 바르고 1회에 5명이 2개조로 구성되어 사회자의 안내에 따라 미스코리아 선수처럼 긴장된 상태에서 일렬횡대로 서서 무대 좌측에 입장하여 독일 병정처럼 보무도 당당하게 10보를 관중 앞으로 갔다가 90도 각도 우로 꺾어 2m 간격으로 일렬종대로 차려 자세로 정렬한다. 입장 시 선수의 신체의 결함 즉 문신여부(문신은 무조건 탈락), 절름발인지, 등이 굽었는지, 발이 일직선으로 전진하는지를 평가한다. 사회자의 영어 구령에 맞춰 8명의 심사위원들 앞에서 7개 동작을 2분간 기량을 발휘하며 입장에서 연출, 퇴장까지 25분이면 끝나는데 성적은 심사원 8명의 평가를 평균하여 산출한다.

동굴의 종류석은 1㎝ 자라는데 100년이 걸린 듯, 25분의 심사를 통과하기 위해서 남자인 경우 상체를 역삼각형으로 만들어야 하고 복근, 팔뚝 근육, 허벅지 근육을 탄력 있게 가꿔 조각상 데이비드(다윗왕으로 미켈란젤로가 26세에 3년 걸쳐 완성한 유명한 조각품) 같이 남성미를 표출해야 한다. 대회에 출전하기 위해서 매일 아침 헬스클럽에서 75kg 역기로 벤취프레이를 120회(매회 30번×4회) 아령, 전면이 두근 포즈(Front double biceps), 전면 광배근 포즈(Front Lat Spread), 측면 가슴 포즈(Side Chest), 후면 이두근 포즈(Back Double Biceps), 후면 광배근 포즈(Back Lat Spread), 측면 삼두근 포즈(Tricepe), 복직근과 다리 포즈(Abdominals & Thighs)이며, 매 동작마다 독도리 도마뱀이 적에게 자기를 크게 보이기 위해 턱, 목, 앞 다리를 크게 늘려 보이듯이 근육을 확장시킨다. 여자 선수는 전면 광배근 포즈와 후면광배근 포즈 없이 5개 포즈로만 평가 받는 대신 태국의 무희처럼 손가락과 발동작을 발레처럼 미를 연출해야 한다. 7개 동작에 의해서 몸의 유연성, 근육의 굴곡과 탄력성, 얼굴 표정 등을 종합 평가한다.

이때 매 포즈마다 독도리 도마뱀이 적에게 자기를 크게 보이기 위해 턱, 목, 앞 다리를 크게 늘려 보이듯이 근육을 확장시키거나 곡선을 만들기 위해 기합을 넣는다. 이러듯 기합을 넣으면서 얼굴 표정을 찌그리지 않고 미소 짓기란 쉽지 않다. 미의 제전이므로 의례 사진 촬영이 고정 메뉴이지만 규정상 여자 선수는 본인의 허락을 득한 후 미인의 초상권을 접할 수 있으므로 주의를 요한다. 초창기에는 남성미를 감상하기 위해 행사와 무관한 아낙네들이 관중석을 대거 점령하여 선수 입장 시 괴성을 지르거나 속옷을 던져 대회를 망친 사례가 있어 요즘 입장객들 검문이 엄격하다.

　근육 발달 상황, 미적 표현, 유연성과 직각 동작, 개체량을 점검한다. '옛말이 콩 심는데 콩나고 팥 심는데 팥난다.'는 말이 있다. 육체미에 매력을 느낀 것은 2009년 4월 25일 충남 논산문화체육관 처녀 출전 때이다. 모든 운동은 만인 평등 원칙으로 누구나 출전할 수 있어 자기만족을 만끽할 수 있다. 그러나 육체미는 개체 측량이란 관문을 통과해야만 인정받을 수 있으며, 이 관문인 개체 측량을 통과하기 위해서는 피나는 체력 단련의 노력이 필요하다. 성장기에는 근육 변화가 쉽지만 성장 이후에는 근육 변화가 뜻대로 되지 않는다. 이는 마치 동굴의 종류석은 1㎝ 자라는데 100년이 걸리듯이 느리다. 혹자는 근육 성장을 위해서 스테로이드 종류의 약을 먹지만 이는 호르몬에 부작용이 있어 즐기지 않는 편이 좋다. 또 다른 관문은 출전 시 미적 감각을 표출해야 한다. 즉 남성은 남성미를, 여성은 여성미를 표출해야 한다.

　남성은 7개 포즈를 취할 때 온몸에 힘을 주어 긴장시키지만 얼굴 표정은 힘을 주어 굳은 표정을 줘서는 안 되며 시종일관 웃는 표정을 나타내야 하는데 근육에 힘을 주면서 얼굴은 밝은 표정 표현이란 쉽지 않다. 여성은 5개 포즈를 취하는 데 손가락동작을 태국의 불교 여인의 무희처럼 각을 만들어 움직여 줘야한다. 여자 선수들은 흔히 미용사를 대동하며 얼굴 화장을 갖추며 남자 선수들도 여자 미용사를 대동한 경우가 더러 있다.

　육체미는 근육을 표출하는 예술의 극치이므로 젊음의 표상이다.

43. 보일러 값을 몸으로

　종합무역상사인 「율산실업」이 부도나자 부득이 사직하고 37세에 난생 처음으로 사업을 시작했다. 춘천에서 롯데기공의 대리점인 강원롯데가스 대리점 사장을 맡아 영업을 했다. 당시 롯데기공은 이태리제 빅크림 브랜드의 가스보일러를 수입해서 국내에서 가스보일러로서는 최초로 판매했다. 본사에서는 이태리어를 번역할 사람이 없어 이태리어 판 사용 설명서 원본을 들고 영업을 했다.

　춘천 성당 주임 신부 김○○ 베드로신부에게 본사 영업사원이 강조했던 대로 가스보일러에 대해 설명했는데 충분하지 못했다. 설명을 다 듣고 난 후 신부님이 이태리어판 사용 설명서를 읽으시며 되려 우리를 가르쳐줬다. 그 신부는 신학생 시절 이태리 유학생이었으므로 이태리어에 능통하여 오히려 우리에게 번역하여 주어 겸연쩍고 부끄러웠다. 명색이 대리점 사장인데 사용 설명서를 못 읽고 고객인 신부님이 번역을 해주니 자존심이 상했다. 하지만 한글로 번역해줘서 고마웠으며, 즉시 번역본을 본사에 전달하여 각 대리점에 배부하도록 부탁했다.

춘천에서 가장 큰 한식집에 계약금만 받고 가스보일러 두 대를 설치했다. 약정상 시운전 후에 잔금을 주겠다고 약속했으나 5개월이 지나도 잔금을 주지 않아 여러 번 독촉했지만 마이동풍이었다. 애가 타던 중에 토요일에 사장이 직접 내방하면 잔금을 주겠다는 전갈이 왔다. 주말이면 서울 집에 가야하므로 오전 중에 그 한식집을 방문했다. 당일 초겨울비가 추적추적 내려 기분이 음산했다. 방에 들어서자 향수 냄새가 짙게 풍겼으며 방안의 조명이 어두웠으며 여자 사장이 병풍 앞에서 우윳빛 앞가슴을 열어 놓고 속치마 차림에 다리를 벌린 채 여종업원과 화투를 치고 있었다.

그 여사장은 보일러 사장과 할 이야기가 있으니 여자 종업원에게 자리를 비켜달라고 요구했다. 여종업원이 다른 방으로 갔는데도 그 사장은 곁눈질로 나를 힐끔 힐끔 보면서 화투 패를 여전히 떼고 있었다. 여사장은 이 순간 속칭 미인계美人計 수법인 몸으로 보일러 값을 상쇄시키려고 미끼를 던지고 있다는 수단을 직감할 수 있었다. 혈기왕성한 청년이었으므로 유혹을 참기 어려웠으나, 감성을 억제하지 못하고 실수를 저지른다면 호랑이 굴에 들어온 것이 CCTV 등 모든 관측 장비의 사정권 안에 내 모습이 비쳤으므로 변명 없이 망신을 당할 것이 뻔하다. 절세가인 황진이가 비에 젖은 속살을 내 보인 채 서화담의 서당에 와서 희유했지만 서화담은 유혹을 뿌리쳤기에 후세인들이 그의 지조에 박수를 보낸 적이 있지 않은가.

유혹의 덫을 빨리 빠져 나가는 것이 급선무이며, 여사장 술수에 말려들면 보일러 대금 수금이 불가능한 것은 물론이고 춘천바닥에서 사업은 끝장이므로 단호히 유혹을 뿌리쳤다. "외간 남자를 오라고 불러놓고서 왜 옷을 다 벗고 있는 거야? 빨리 옷 입지 못해! 당신이 사장 맞아?" 하고 벼락을 쳤다. 천신만고 끝에 겨우 수금을 마쳤다. 횡성 모 고등학교 교사가 춘천에 출장 와서 그 꽃뱀의 덫에 걸려 집 한 채를 날렸다는 사실을 나중에 알게 되었다. A/S를 하청업체에 맡기고 전 직원들에게 그 식당의 출입을 금지하도록 지시했다.

춘천시 낙원동 한의사댁에 보일러 두 대를 설치했다. 설치 하루 만에 불량이라고 신고가 접수되었다. 기술과장을 현장에 보냈다. 확인한 결과 제품에 문제가 있는 것이 아니라 동파 방지를 위해서 순환 펌프를 돌려놓았다고 한의사한테 전부 설명했는데도 한의사 모친이 전기를 낭비한다며 스위치를 꺼버린 탓으로 순환펌프가 멈춰 바닥의 동 파이프 배관이 얼어서 개구리 배처럼 부풀어 동파한 것이다.

그러나 사업자로서는 고객의 귀책사유라고 사실대로 따질 수 없으며, 고객 전 가족에게 보일러 사용법을 충분히 설명하지 못한 실책을 자인하되 우회적으로 납득시키는 것이 영업인의 자세다. 한의사는 보일러와 방바닥 동파 장면 사진을 여러 장 촬영한 후 협박했다. 공사비 300만 원을 변상하겠느냐 춘천 MBC방송에 고발당하겠느냐. 양자택일하라는 협박이다. 두 대 보일러 대금 130만 원에 이익이 고작 26만 원인데 난방공사비 300만 원 변상하면 적자이므로 그 요구를 수용할 수 없었다. 불똥이 튀므로 한의사를 만나지 않고 당분간 피했다. 머리가 아픈 지루한 하루였다.

춘천 출신 손○○ 대리에게 지시했다. 일당 5만 원을 주겠으니 매일 8시에 현장에 출근한 후 새참을 제공하고 잔심부름을 정성껏 해주고 보일러의 보드와 낫트를 풀고 집안을 한 바퀴 돌고 한의사 주인을 만나면 "죄송합니다." 인사하고 보드와 낫트를 다시 조이고 한 바퀴 돌고 주인 만나면 또 "죄송합니다." 반복 하도록 지시했다. 물귀신 작전으로 3일 간 꾸준히 문안 사죄했더니 한의사가 미안해서 "나오지 마세요. 우리 손님 다섯 분만 받으면 난방 값은 충분히 나오니 차후 A/S나 잘해 주세요."라는 보고를 받았다. 손 대리에게 즉시 지시했다. A/S는 충분히 해주겠으니 춘천 MBC에 고발하지 않겠다는 각서를 받고 사진과 해당 필름을 모두 회수 해오게 했다.

인간은 위기에 직면했을 때 해결 묘안이 떠오른다. 세상사가 위기에 꼬이거나 세고에 시달릴지라도 인내심을 갖고 몰입하면 답이 나오기 마련이다. 신은 인간에게 해결할 만큼만 시련을 준다.

44. 전단이 무슨 비밀이냐?

 1969년에 전 부산육군기지사령부에서 중위시절, 을지훈련 등 비상시 통역 업무를 맡았으나 평상시는 작전처의 행정과장으로 복무했다. 작전참모 KOO대령은 육사 특 8기로 두 가지 괴벽이 있었다. 첫째는 도둑질이고, 둘째는 근무 중에 바둑 몰입으로 세월 보내다가 5시 퇴근 무렵에 장교들을 집합시켜 놓고 브리핑 자료를 지시하고서 퇴근해버리기다. 결국 부하 장교들은 브리핑 준비로 밤을 새운다.

 2월 중순경 부산 다대포에서 무장 간첩 4~5명이 침투 후 부산 시내에 잠입하여 시민이 불안과 공포에 떨고 있는데도 작전 참모는 정작 간첩을 소탕하는 데는 관심 없고 도둑질에 만 혈안이 되었으니 자연히 국방에 구멍이 뚫려 간첩은 날뛰었다.

부산에는 8개 경비중대와 해운대 동백섬에 종합교육대, 가야에 운전교육대가 있는데 이들 부대가 모두 작전참모의 산하 부대이며 도둑질 대상이다. 행정과장인 나를 시켜 경비중대에 가서 사병용 쌀과 차량창에 가서 휘발유를 작전 참모의 관사로 거둬들이는 명령이 작전참모의 주말 일과였다. 일종의 도둑질 명령을 군 지휘관으로서 아무런 양심의 가책도 없이 상습적으로 하달해 버린다. 사병용 쌀을 10가마 이상을 지프차로 도둑질하여 처가, 외가, 본인 등 3세대 식구를 먹여 살린다. 지프차에 도둑질한 쌀이나 소고기, 돼지고기를 싣고 가다가 헌병한테 적발되면 작전 참모 뿐만 아니라 나도 공모자로 처벌받으므로 여간 조심스러웠다.

관사에 가면 국자, 칼, 수저 등 주방기구와 담요, 물탱크, 구두 등 모든 가구가 군용품 일색이다. 당시 나는 대학교를 갓 졸업한 초급 장교라 순수하므로 지시에 따르자니 양심이 허락하지 안했을 뿐 아니라 군법 위반자이므로 거절하자니 항명이라 불이익을 받을 것이 명백하므로 머리를 쓰기로 했다. "경비중대에 갔더니 중대장이 외출 중이라 쌀을 못 얻어 왔다."라고 핑계를 댔는데 이게 오히려 화근이 되었다. 매주 월요일에 사령부에서 경계근무 브리핑 때 쌀을 주지 않는 부대는 작전 참모한테 경계 검열 점수가 꼴지로 지적당해 내가 그 중대장한테 책망을 들었다.

작전처에 장교가 중위인 나를 포함하여 중령 2명, 소령 1명, 대위 1명 등 5명으로 구성되었는데 선배 장교들에게 참모의 부정을 여러 번 건의했지만 허사였다. 대령까지 가려면 군 공로로 봐서 신고할 수는 없고 망신을 주어 잘못을 스스로 깨닫게 하는 것이 최선의 방법이라고 결론 냈으며, 내가 전역이 3개월 남았을 때 선배 장교들이 작전 참모를 혼내주는 거사(?)를 나에게 떠맡겼다. 정의감으로 불타는 시절이라 이를 맡기로 쾌히 승낙하고 기회만 노리고 있었다.

육군 본부에서 3·1절에 부산 시민에 뿌릴 전단 30만 장을 군 수송 경비행기(L-19)로 여의도 공항에 와서 2월 27일에 수령해가라는 전통(전언 통신문)이 2월 25일 도착했다. 2월 중순경 침투한 간첩을 잡지 못해 시민에게 뿌리는 전단(삐라)이었다. 기회는 왔다고 생각하고 비행기도 타고 싶어 전단수령을 자원했다. 26일 아침에 출근했더니, 기상이 나빠 경비행기는 불가이므로 열차로 가서 수령하라고 군수기지 이○○ 사령관(육군소장)의 정정지시가 하달되었다. 별수 없이 당시 맹호 급행열차로 상경하여 27일 새벽 7시에 용산역에 도착, 여의도공항에 갔더니 전단 30만 장이 그 분량이 엄청나게 많아 부산에 혼자 열차로 수송하려니 걱정스러웠다. 여의동 공항에서 군전화로 군수기지 사령부 작전참모에게 L-19(나인틴)을 즉시 올려달라고 부탁했다.

"참모님, 여의도공항에 도착하니 타 부대는 모두 L-19를 가져 왔는데 군수기지 사령부만 열차로 수령해 가라는데 이 전단은 비밀 문건이라 열차로 수송할 수 없다니 당장 L-19를 보내 주십시오." 중위가 대령에게 거짓말할 때 정말 미안했다.

"그래? 사령관한테 건의하겠으니 전화 끊지 말고 기다려!" 사령관실은 바로 작전 참모 옆방이라 작전참모는 사령관실로 뛰어간 것 같았다.

수화기를 30여 분간 들고 있는데 거짓말을 했으므로 손이 떨렸다. 벼락이 떨어질 줄 알았는데 의외로 조용히 명령했다. "고 중위 잔꾀 부리지 말고 열차로 빨리 수령해 와!"

그 후 사령관 비서실장 박 소령한테 사령관실 광경의 비화를 들었다. 사령관으로서는 작전 참모의 우문이 답답하여 열도 받았지만 그 보다도 작전 참모가 간첩 소탕보다 도둑질에만 질퍽거리는 부정에 대하여 울분이 함께 엉켜 분노로 표출한 것이다.

"여보시오! 작전 참모, 네가 대령 맞어? 부산시민에게 뿌릴 전단인데 그게 무슨 비밀이야? 저런 새끼를 데리고 내가 사령관을 하다니 한심하군." 철모며, 지휘봉이며, 재떨이 등을 작전 참모 면상에 마구 던져 입술이 깨졌다고 한다.

3월 3일에 작전 참모는 창원의 예비사단으로 대기 발령 났으며 나는 김신조 사건으로 전역이 3개월 늦어 6월 30일에 전역했는데 나보다 먼저 전역을 당했다.

대령이면 급여와 수당도 많을 것인데 직위를 이용하여 처가, 외가, 본인 등 세 가구에게 군 재산을 축내면서 부당이득을 취하면 이는 절도요, 이적 행위이다. 오랫동안 정의감으로 부글부글 탔지만 드디어 지혜롭게 해결했으니 속이 후련했다.

군이 재물에 군침을 흘리면 나라는 망한다.

고재덕 수필집

철없는 부탁

초판인쇄 | 2023년 12월 18일
초판발행 | 2023년 12월 22일

지은이 | 고 재 덕
펴낸이 | 서 정 환
펴낸곳 | 신아출판사

주　소 | 서울시 종로구 삼일대로 32길 36
　　　　운현신화타워 305호
전　화 | 02)3675-3885 · 5635
등　록 | 제465-1984-000004호
홈페이지 | http://www.shinapub.co.kr
e-mail | sina321@hanmail.net

값 15,000원

ISBN 979-11-93654-18-7　　03810

* 저자와 협의하여 인지는 생략합니다.
* 잘못된 책은 바꿔 드립니다.